Herman Schell

Das Problem des Geistes

mit besonderer Würdigung des dreieinigen Gottesbegriffs und der

biblischen Schöpfungsidee

Herman Schell

Das Problem des Geistes
mit besonderer Würdigung des dreieinigen Gottesbegriffs und der biblischen Schöpfungsidee

ISBN/EAN: 9783744619943

Hergestellt in Europa, USA, Kanada, Australien, Japan

Cover: Foto ©Thomas Meinert / pixelio.de

Weitere Bücher finden Sie auf **www.hansebooks.com**

DAS PROBLEM DES GEISTES

MIT BESONDERER WÜRDIGUNG DES

DREIEINIGEN GOTTESBEGRIFFS

UND DER

BIBLISCHEN SCHÖPFUNGSIDEE.

AKADEMISCHE FESTREDE

ZUR

FEIER DES DREIHUNDERT UND FÜNFZEHNTEN STIFTUNGSTAGES

DER

KÖNIGL. JULIUS-MAXIMILIANS-UNIVERSITÄT WÜRZBURG

GEHALTEN AM 11. MAI 1897

VON DEM DERZEITIGEN REKTOR

DR. HERMAN SCHELL,

PROFESSOR DER APOLOGETIK.

WÜRZBURG.
DRUCK DER KGL. UNIVERSITÄTSDRUCKEREI VON H. STÜRTZ.
1897.

Bei diesem akademischen Festakte zur 315. Stiftungsfeier unserer Universität obliegt mir die Pflicht, aus meinem besondern Arbeitsgebiet einen Vortrag zu halten und dadurch dem Andenken des hehren Stifters des Fürstbischofs Julius Echter von Mespelbrunn, den Tribut dankbarer Anerkennung zu zollen.

Da es eine Hochschule des Geistes ist, die Julius gegründet, so habe ich das Problem des Geistes gewählt, um die wichtigsten Charakterzüge des geistigen Wesens in der Entwickelungsgeschichte des religionsphilosophischen Denkens zu verfolgen und in ihrer Bedeutung für aktuelle Fragen zu würdigen, insbesondere für die Würdigung des christlichen Gottesbegriffs als des dreieinigen Geisteslebens und der weltschöpferischen Geistesthat. Dreieiniges Geistesleben nach innen und freie Schöpfungsthat hinsichtlich der Welt sind die zwei hervorragendsten Grundzüge des christlichen Gottesbegriffs sowie des damit aufgestellten Ideals vom Geisteswesen überhaupt.

I.

Das Problem des Geistes, dessen Begriff und eigentümliches Wesen, dessen Vorzug, der archimedische Punkt zu sein, von dem aus die ganze Wirklichkeit in den Besitz der Erkenntnis genommen und eine sittliche Vollkommenheit von unbedingtem Wert vollbracht werden kann, hat seit den Anfängen des menschlichen Denkens in religiöser und philosophischer Form nach Antwort und Lösung gerungen. Glückliche und wirkungsvolle Sinnbilder aus der äusseren Natur mussten in den Zeiten der sprachlichen Entwickelung dem grübelnden Denken den ersten Ruhepunkt bieten. Die sprachlichen Ausdrücke, deren wir uns zur Bezeichnung des Geistes bedienen, sind die Denkmale und Grabsteine dieser uralten sinnbildlichen Auffassungen. Unter den vielen Richtungen, in denen die Philosophie der brahmanisch-buddhistischen Spekulation, wie diejenige unserer abendländischen Kulturwelt die Lösung versucht hat, wurde wohl von keiner einzigen einer der wesentlichen Vorzüge des Geistes ganz übersehen: Substanzbildende Kraft und gestaltendes Gesetz des körperlichen Werdens, unkörperlicher Spiegel der Wahrnehmungen, Erfahrungen und Erkenntnisse, Gemüt und Wille: das waren und sind die drei vorzüglichsten Seiten, welche die menschliche Seele der Betrachtung darbot.

Allein gleichwohl ist in der Würdigung und Hervorhebung der einzelnen dieser Seiten des Geistes ein grosser Unterschied. In den monistischen Religionen und Systemen des Altertums erscheint der Geist doch vorzüglich als substanzbildende Kraft und zwar nicht im Sinne eines einheitlich bestimmten Gesetzes, sondern im Wechsel der Wiedergeburten und in unaufhörlicher Seelenwanderung — je nach dem Karma oder dem Verdienst des früheren Lebens, das zum Keim der folgenden Wesens- und Lebensgestaltung wird. Dass diese Aussicht schliesslich niederdrückend auf das Bewusstsein wirken, den buddhistischen Pessimismus erzeugen und mit gewaltigem Anlauf zum Versuch einer Selbsterlösung führen musste, ist auch dann begreiflich, wenn man nicht ausdrücklich würdigt, dass die Aufnahme und Nachbildung der Wahrheit und Güte in einem unvergänglichen Innern den eigentlichen Vorzug und Beruf des Geistes bildet, nicht aber Substanzbildung.

Doch möchte es scheinen, dass nach der kritischen Philosophie Kants nicht mehr in so naiver Weise nach dem Wesen des Geistes gefragt und geforscht werden könne — insbesondere, nachdem die Einsicht in den subjektiven oder phänomenalen Charakter unserer Empfindungs-, Vorstellungs- und Begriffsformen mit dem Beginne der Neuzeit mehr und mehr zur Herrschaft gelangt ist. Exakte Naturwissenschaft und kritische Philosophie haben beide zusammengewirkt, um die sinnlichen Formen, in denen uns die äussere Wirklichkeit zur Wahrnehmung kömmt, als subjektive Gebilde unserer eigenen Empfindungs- und Denkthätigkeit nachzuweisen. Damit scheint der Wahn eines archimedischen Standpunktes endgiltig widerlegt, und der nüchterne Empirismus alleinberechtigt, der nichts annimmt als die unmittelbare Wirklichkeit, vielleicht mit der materialistischen Neigung, nur der körperlichen Welt eine eigentliche Wirklichkeit zuzuerkennen.

Allein gerade durch den Nachweis, dass unsere Empfindungen subjektiven Ursprungs und Charakters sind, ist der materialistischen Weltanschauung wie jedem ideallosen Empirismus die Grundlage entzogen. Nur vermöge einer unvermerkten Naivität lässt sich übersehen, dass wir das Materielle nicht anders als vermittelst eines seelischen Gebildes erfassen oder innerlich erzeugen, sowie dass auch beim radikalsten Agnosticismus und Skepticismus der stillschweigende Anspruch eines archimedischen

Standpunktes nicht preisgegeben wird, — einzig mit dem Unterschiede, um die Wirklichkeit von dort aus zu bezweifeln oder zu bestreiten.

Vom Stoff wie von der Wahrheit könnte überhaupt nicht mehr die Rede sein, wenn jenes Innerliche geleugnet wird, das der Erfahrungs- wie der Vernunftwahrheit inne werden will und kann. Wenn wir eine materielle Wirklichkeit anerkennen, müssen wir zuvor oder um so mehr jene seelischen Formen der innerlichen Vorstellung oder Vergegenwärtigung, der Wertempfindung und Willensneigung anerkennen, in denen uns die Aussenwelt überhaupt nur erreichbar ist. Sogar die eigene Leiblichkeit ist uns nur mittelst der innerlich-seelischen Empfindungsformen bekannt und gegenständlich. Gerade die empirischen Wissenschaften, welche Natur und Geschichte zum Forschungsgebiete haben, sind trotz aller Achtung vor der kritischen Erkenntnisphilosophie am wenigsten geneigt, auf jenen Adel zu verzichten, der im eigentlichen Sinne der Adel des Geistes ist, — ich meine den Vorzug, eine exakte Erkenntnis darzustellen, exakte Wissenschaften, die sich mit fortschreitender Energie und Vorurteilslosigkeit durch alle Hüllen und Schleier des Scheines hindurchringen und die nackte Wirklichkeit ans Licht zu bringen trachten!

Ebenso sind alle wissenschaftlichen Richtungen von ernstem und akademischem Charakter darin einig, dass die Sittlichkeit und Charakterbildung ein Gut von unbedingtem Werte, von verpflichtender Hoheit und Kraft, wie von unvergleichlichem Adel sei. Man mag über Willensfreiheit, Unsterblichkeit und persönliche Gottheit so verschieden wie immer oder ganz zurückhaltend denken: die Majestät der Sittlichkeit, der Pflicht, des Guten will keine ernstwissenschaftliche Richtung antasten.

Nun — gerade hierin liegt der Schwerpunkt der Frage nach dem Wesen des Geistes: nicht ob er als immaterielle Substanz oder als lebendige Aktualität bestimmt wird: die Inhalts- und Wertbestimmung ist das Entscheidende! Die ontologische Form oder Kategorie ist nicht das Erste! — Aktualität ist die Bestimmung, mit der die Philosophie des

Geistes nach Wundts Ausdruck das Wesen der Seele charakterisiert — im Gegensatz zur Substanzialität, welche an Wirklichkeitsklötzchen erinnere. Ganz neu ist diese Forderung nicht: sowohl die aristotelische Philosophie wie die grossen Meister der Scholastik haben denselben Gedanken des actus purus zum Ausdruck gebracht — nur nicht im Gegensatz zum Substanzbegriff, sondern um letzteren selber näher zu bestimmen. Allerdings: die Begriffe, mit denen die genialen Meister die Wirklichkeit wiedergeben, zeigen in ihrer eigenen Handhabung jene Elastizität und Beweglichkeit, welche sich der thatsächlichen Wirklichkeit anschmiegt; im Gebrauch der abhängigen Epigonen erstarren sie — zu Zeichen; sie gewinnen dadurch eine gewisse Festigkeit, aber verlieren die frühere Durchsichtigkeit.

Unter diesen Vorbehalten stimme ich gern mit Wundt darin überein, das Wesen des Geistes als Aktualität zu erklären — als den lebendigen Zusammenhang vieler Einzelzustände und Erlebnisse — aber nicht als das Produkt dieser Reihenfolge, sondern als deren Prinzip. Denn die Einheit ist das Beherrschende im Seelenleben oder dessen Prinzip: zwar nicht das absolute Prinzip — auch nicht im vernünftigen und sittlichen Geistesleben, aber doch das hervorbringende, gestaltende, sich aneignende, für sich wertschätzende und ausnützende Prinzip. Der Geist ist Thätigkeit — Aktualität, Subjektivität — aber eine übergreifende, und auf sich zurückbeziehende, des andern und ihrer selbst innewerdende und innebleibende Thätigkeit: Aktualität mit wesentlicher Relativität: mit lebendiger Beziehung zum erfassten Gegenstand und dessen Rückbeziehung auf sich selbst. Die Aktualität schliesst die Substanzialität, das Wirken schliesst die Wirklichkeit, die Subjektivität das objektive Sein in sich ein: nicht aber umgekehrt. In diesem Sinne gebe ich zu: der Geist ist wesentlich Aktualität — mit der Beziehung zu einem Erkenntnis- und Willensinhalt: eine thätige Innerlichkeit, welche sich der Wirklichkeit wahrnehmend, denkend und strebend bemächtigt, ohne sich dabei an sie zu verlieren!

II.

Der Geist ist wesentlich Kraft der Erkenntnis, Besitznahme der Wahrheit und Wirklichkeit durch Denkthätigkeit. Wahrheit ist erst gegeben, wenn die vergegenwärtigte Wirklichkeit als thatsächliche Wirklichkeit erkannt und auch der Reflexion und dem Zweifel gegenüber gewahrt wird. Das Problem der Erkenntnis als eines Innewerdens der Wahrheit war es in zweiter Linie, welches die Richtung bestimmte, in der das Verständnis unseres geistigen Wesens gesucht wurde.

Das erhabene Wort „Wahrheit" fand in der Philosophie zuerst volle Würdigung hinsichtlich der Allgemeinbegriffe, der Gattungsformen, des Allgemeingültigen und Notwendigen. Das Einzelne und Zufällige wurde mehr als eine Abschwächung und Verunreinigung der allgemeingültigen Wahrheiten oder Ideale angesehen.

Sodann trat dem philosophierenden Denken die Vernünftigkeit und Geistigkeit zuerst aus der gegenständlichen Aussenwelt gegenüber: als deren bestimmendes und erklärendes Wesensgesetz, als deren Logos und Triebkraft. Die innere Vernünftigkeit, welche Sinn und Verständnis für die thatsächliche Gesetzmässigkeit bedeutet, wurde als selbstverständlich hingenommen. Es ist der Logosgedanke, diese gewaltige Konzeption, welche den ganzen Entwickelungsgang des philosophischen Denkens wie des christlichen Offenbarungsglaubens begleitet, zuerst als Ausdruck der rein thatsächlichen, äussern Vernünftigkeit, und sich seither als ausreichend für die lange kampfes- und problemreiche Geistesbewegung bewährt hat.

Die Ausgangspunkte der Logoslehre sind verschieden: philosophisch-hellenisch, wie religiös-prophetisch. Die Entscheidung über ihren Ursprung ist vielleicht mehr als es scheinen mag, von weittragender Bedeutung für das wissenschaftliche Urteil über den Offenbarungscharakter des Christentums.

Das griechische Denken hat wohl seit Herakleitos dem Tiefsinnigen den **Logosbegriff** erfasst und gepflegt — um damit jene innere Gesetzmässigkeit des Seins und Geschehens zu bezeichnen, welche sich in den Arten und Gattungen, in den Formen des Wirkens, in dem Netz der wechselseitigen Beziehung und Zusammenordnung kundgiebt. Es ist der **objektive Geist**, der sich gewissermassen in der Wirklichkeit verkörpert und ausgewirkt hat.

Das **Höchste** und **Tiefste** zugleich an der Naturwelt ist ihre Ordnung und Wechselbeziehung, ihre Zahl und ihr Gesetz: kurz, jenes Netz von **unsichtbaren Fäden**, die sich nicht greifen und nicht wägen lassen, und darum auch jener Substantiierung widerstreben, welche die Elemente des Seins wie Wirklichkeitsklötzchen, und diejenigen des Denkens wie Begriffsklötzchen behandelt. Und doch ist die Natur im grossen wie jedes Ding im einzelnen bis ins Unendliche hinein nichts als ein (kraftvolles) Netz von solchen Beziehungen, wo die festen Punkte fast nur als **Stützen** für unser **ruhesuchendes Denken** erscheinen.

Die sokratische Philosophie brachte den Logosbegriff, soweit er philosophischen Ursprungs war, zu weiterer Ausbildung. Die Entdeckung des Artgedankens und des Allgemeinbegriffs machte auf den forschenden Geist einen so überwältigenden Eindruck, dass die Welt der Begriffe als eine himmlische Ideenwelt erschien und ebenso aus der irdischen Wirklichkeit wie aus dem subjektiven Bewusstsein in eine überirdische Ewigkeit hinauf erhoben wurde. So sehr hatte das blitzähnliche Aufleuchten des Begriffs den Geist überwältigt — **staunenerregend** durch die **Neuheit**, wie **überzeugend** durch die damit gewonnene **Verständlichkeit** des chaotischen Stromes von Einzelgeschehnissen. Die Denker, welche des Logosbegriffs und der Ideenwelt entbehrten, galten nunmehr als die **Philosophen der Nacht**.

Eucken schreibt hierüber: „Mit der Siegeskraft voller Jugendfrische ist hier (bei Plato) der Gedanke durchgebrochen, dass im Menschen eine geistige Welt aufgeht, die nicht aus dem blossen Menschen stammt, dass ein an sich Wahres, Gutes, Schönes besteht, unabhängig davon, wie wir uns zu ihm stellen und wie wir zu ihm gelangen: nicht der Mensch, sondern der Geist wird hier zum Mass der Dinge." Vergl. Kampf um einen geistigen Lebensinhalt. 1896. p. 27.

Eucken fügt hinzu: „Ohne Zweifel ist die besondere Gestalt der platonischen Lehre durch die Arbeiten, Erfahrungen und Erschütterungen der Jahrtausende hinfällig geworden, namentlich können wir jene Welt nicht mehr als eine fertig um uns ausgebreitete und durch geistige Anschauung rasch ergreifbare verstehen. Aber der Grundgedanke ist die stillschweigende Voraussetzung alles geistigen Schaffens und das offene Bekenntnis alles Idealismus geworden und wird es bleiben für alle Zeiten." p. 27.

Ich nehme diese kritische Wendung Euckens an im Sinne seiner spätern Erklärung: „Das Ansichwahre und Ansichgute Platons, es wird zu einer lebendigen Wirklichkeit für uns nur in Verbindung mit jener Selbstthätigkeit Fichtes". p. 33. Aber es kann für uns nur zur Wirklichkeit werden, wenn es durch eigene, überzeitliche und überweltliche That dies bereits ewig für sich selber ist. Die Wahrheit, die zugleich ihr ewiger Gedanke ist, die Güte, die als ihr ewiger Selbstvollzug begriffen wird, ist das Höchste: aber eben deshalb ist sie nicht in der Welt und Zeit zu suchen, schon deshalb nicht, weil die Zeit nur eine Form unserer endlichen Auffassung der Wahrheit ist, ausserdem nur eine Form ihrer teilweisen und allmählichen Abbildung, nicht aber ihrer eigentlichen, vollen und darum einheitlichen und lebendigen Wirklichkeit.

Vergleiche hierzu auch Willmann, Geschichte des Idealismus, 1894, 1896.

In der platonischen Philosophie entbehrte der Logosgedanke vor allem der lebendigen Einheit und der thätigen Kraft: das subjektive Geistesleben war eben noch nicht darin mit aufgenommen worden. Es blieb so bei einer Welt von Logoi, von Art- und Gattungsgedanken, welche durch kein inneres Band unter sich geeinigt waren.

Auch das blieb dunkel, in welcher Beziehung diese Ideenwelt, diese Allheit von Logoi zur Gottheit stehe; auch die Art und Weise, wie dieselben für die wirkliche Welt wirksam und ursächlich würden, konnte nicht hinreichend bestimmt werden. Die vorbildliche Ursächlichkeit wurde zwar in ihrer Bedeutung erkannt; allein bestimmend und wirksam wird das Vorbild erst dadurch, dass sich ein lebendiger Geist desselben bemächtigt. Das gilt auch dann, wenn die Materie als das

Prinzip der Verwirklichung angenommen wird, in dem sich die Allgemeinbegriffe wiederspiegeln, dadurch verkörpern, aber zugleich getrübt und gebannt werden. So lang die **Materie** als Prinzip der **Verwirklichung und Besonderung** (als **Individuationsprinzip**) gilt, muss die Wirklichkeit und Einzelexistenz, sogar die Einzelpersönlichkeit um den Preis der Beeinträchtigung des Gattungsbegriffs erkauft werden. Dieses Vorurteil wirkt auch heute noch nach, indem die **Persönlichkeit** notwendigermassen als **Beschränkung von aussen** gefasst und aus diesem Grunde bei der Prüfung des **Gottesbegriffs** als unvereinbar mit **Unendlichkeit** und **Vollkommenheit** erklärt wird.

Vielmehr ist die absolute Persönlichkeit jene innere Einheit der Thatkraft, welche die ganze Fülle der Wirklichkeit, Wahrheit und Güte ewig vollzieht und dadurch besitzt und geniesst; die endliche Persönlichkeit hingegen ist jene innerliche Einheit, welche die Gesamtheit des Wirklichen in sich denkend und liebend zu sammeln, zu verstehen und zu verwerten veranlagt ist. Die Einheit ist die Daseinsform des Unendlichen, die Einheit ist der Sammelort der Gesamtheit — im Erkennen und Streben. Die Persönlichkeit ist die für den thätigen Vollzug und Besitz der Wahrheit und Güte unentbehrliche Einheit, welche indes bei sich selber bleibt, indem sie in die Fülle ihres Lebensinhaltes eingeht, das Selbst, in dem erst Wahrheit und Leben ihre Fülle entfalten, ohne jedoch dessen Selbstheit zu beeinträchtigen.

Die **Stoa** bedeutet wohl einen gewissen Fortschritt in der philosophischen **Logoslehre**, indem sie die **Logoi** auch als Samenkräfte und bestimmende Wirkursachen zur Geltung brachte. Allein auch ihr gelang die befriedigende Ausgestaltung der Logosidee nicht: die lebendig-thätige Kraft und Einheit fehlt dem Logos auch in diesem Versuch der Welterklärung.

Wohl aber begegnet uns dieselbe grosse Idee als eine **lebendige Macht**, als **thatkräftige Einheit**, als **gestaltende Kunst** in der **alttestamentlichen Weisheit**.

Wenn auch ihre Persönlichkeit als nicht unzweifelhaft ausgeprägt erklärt wird, so ist dabei doch die bedeutsamste Annäherung an die eigentliche Persönlichkeit erreicht. In Verbindung mit dem altprophetischen, aber wenig ausgebildeten Begriff des Logos als des göttlichen Schöpfungswortes (Memrah) und Ratschlusswortes, wurde der altestamentliche Weisheitsbegriff befähigt, die Ergebnisse des philosophischen Denkens zu verwerten und jenen Logosbegriff zur Reife zu bringen, der uns im Johannesevangelium begegnet, der bei Paulus mehr als **Urbild** der Vollkommenheit gefasst wird, und dann die theologische Spekulation des Christentums in seiner heldenhaften Jugendzeit als Problem in Spannung hält.

Ebenso klar wie die lebendige Einheit und kraftvolle Ursächlichkeit hinsichtlich der Welt, ist bei dem biblischen Logos- und Weisheitsbegriff dessen Ursprung und Hervorgang aus dem innern Erkenntnisleben der Gottheit. Erzeugnis des ewigen Denkens, und Ursache der schöpferischen Gestaltung im Endlichen: beides eint sich in dem bedeutungsvollen Begriff. Während die platonische Ideenwelt fremd und unvermittelt, unerklärlich neben oder in der Gottheit stand, kalt, seelenlos und unthätig über der empirischen Wirklichkeit schwebte, ist den Offenbarungsschriften zufolge, die Weisheit das innere Erzeugnis der göttlichen Geistesthätigkeit und die schöpferische Kunst der Weltgestaltung — im ganzen wie im einzelnen. Damit war zugleich jeder Verdacht eines äusserlichen, handwerksmässigen Hervorbringens von dem Schöpfungsbegriff ferngehalten.

Für die Wesenserkenntnis des Geistes war diese Logosidee nicht minder wichtig als für die Welterklärung. Denn sie bedeutet: dass der Geist nicht etwa bloss als eine unbeschriebene Tafel oder Spiegelfläche zu fassen sei, in der sich die Ideenwelt oder die Wirklichkeit einfach abspiegelt, wenn nur kein Hindernis im Wege steht, sondern als lebendige Denkthätigkeit, als innerlich gestaltende und erzeugende Kunst: ars viva, wie Alexander von Hales sich ausdrückt. Die aktive Beteiligung des Geistes bei der Erkenntnis ist nicht hinreichend gewürdigt, wenn ihm nur vorbereitende Aufgaben zur Reinigung des immateriellen Spiegels zugewiesen werden.

Die scientia media des Molinismus oder die Wiederspiegelung des Bedingt-Zukünftigen in Gottes Wissen, einzig und allein auf Grund der geistigen Empfänglichkeit Gottes für alles was irgendwie (ohne sein eigenes Denken) möglich, erkennbar und wahr ist, sei als die bedeutendste theologische Anwendung dieses Begriffs vom Geiste genannt. Das Gleiche gilt von allen Erklärungen der göttlichen Allwissenheit, welche sie auf die Ewigkeit zurückführen oder auf die vollkommene Gleichzeitigkeit des göttlichen Erkenntnisspiegels mit allem, was als erkennbar und darum als Gegenstand der Allwissenheit gelten kann.

Der nous poietikos des Aristoteles ist ein Versuch, dem aktiven und produktiven Wesen des erkennenden Denkens gerecht zu werden; allein dem thätigen Verstande haftet zu sehr der Charakter eines Deus ex machina an, und ausserdem hatte er nur die Schleier und Hüllen zu entfernen, mit denen Materie und Sinnlichkeit die eigentlichen Erkenntnisgegenstände und Wahrheiten, die Allgemeinbegriffe gebannt und verborgen halte. Daher wurde der Intellectus agens auch immer als Fremdling und Rätsel empfunden.

Wie sehr der christliche Logosbegriff diese Auffassung des Geistes als unzureichend darthue, bedarf keiner besonderen Hervorhebung.

Unter die Verdienste Kant's um die Philosophie ist auch zu rechnen, dass er den thätigen und infolgedessen subjektiven oder phänomenalen Charakter der Erkenntnis nachwies. Nur steigerte er die Thätigkeit zur unbedingten Autonomie der Vernunft, und verkannte andrerseits, dass das Subjektive nicht in ausschliessenden Gegensatz zum Objektiven zu stellen sei, sowie dass der naive Standpunkt nicht ganz verwerflich sei, da alles Denken, auch die kantische Kritik, unvermeidlich unter der Notwendigkeit steht, ein gewisses Erkennen als Erfassen der Wirklichkeit von dem rein subjektiven Denken zu unterscheiden und zwar jenen Vorzug dann anzunehmen, wenn die betreffende Annahme eine wahrhaft und allein hinreichende Erklärung darbietet. Von dem Kausalgesetz als der unentbehrlichen Voraussetzung in diesem Sinn blieb Kant's kritisches Denken stets getragen: sonst hätte er ja nicht einmal den Schritt zu irgend einer kritischen Unterscheidung und zur Annahme eines transcendentalen Grundes unserer Denkorganisation vollziehen können. Dass diese Schlussfolgerung Kant's erst auf dem Umweg der praktischen

Vernunft erfolgte, mindert die Bedeutung derselben nicht: er stand eben unter dem bestimmenden Einfluss der einsichtigen Denknotwendigkeit: Die sittliche Ordnung, die sich in unserm Innern geltend macht, ist derart wichtig, dass ihre unentbehrlichen Voraussetzungen als gültige Wahrheiten und Thatsachen angenommen werden müssen, auch ohne empirische Bestätigung. Das heisst: Alles Seiende muss aus einer hinreichenden Ursache verständlich sein, und darum aus einer solchen hervorgegangen sein. Die innere Thatsache unserer subjektiven sittlichen Verpflichtung und Anlage berechtigt zu der Annahme, dass sie selber von objektiver Gültigkeit sei und ebenso alle jene Voraussetzungen, ohne die sie von uns weder ernst genommen noch durchgeführt werden könnte.

Doch hat nicht Kant durch die Unterscheidung der eigentlichen Erkenntnis von den Postulaten insbesondere der praktischen Vernunft die Schranken des Erkennens wesentlich enger gezogen? Allerdings schied Kant alle Annahmen von der eigentlichen Erkenntnis aus, welche kraft logischer Denknotwendigkeit auf Grund unbestreitbarer Thatsachen des inneren Lebens vollzogen werden, aber keine Bestätigung durch unmittelbare Erfahrung und Wahrnehmung finden können, insbesondere nicht indem sie als räumliche Erscheinungen und als räumlich beharrende Einheiten dem Erkennen entgegentreten.

Kant hat hierbei unter dem instinktiven Einfluss der Anschauung geurteilt, alles sei insofern erweisbar, thatsächlich und verständlich, insoweit es auf räumliche Formen zurückgeführt werden könne (wovon schon die innere Erfahrung hätte abhalten sollen): aber auch unter dem andern naiven Eindruck, als ob bei unsern räumlichen Wahrnehmungen eine unmittelbare Abspiegelung der Dinge in unserm Denken stattfinde und so eine treuere Abbildung derselben und eine gewissere Erkenntnis erzielt würde, als bei jenen Erkenntnissen oder Postulaten, welche durch logisch notwendige Schlussfolgerungen und mit innerer Einsicht gewonnen werden. Letztere sind nicht minder Wahrheiten: denn alle Wahrheiten müssen wir denkthätig nachbilden, teils unter Anregung von aussen, teils unter dem bestimmenden Einfluss einer einsichtigen Denknotwendigkeit: Alles ist aus einem hinreichenden Grund zu erklären, und zwar insoweit es etwas ist und bedeutet: das Ideale aus einem idealen Grund, die Thatsachen aus einem realen Grund oder aus einer Ursache. Die Thatsächlichkeit ist auf Thätigkeit zurückzuführen; nicht die Thatsache ist das Erste und Erklärende, sondern die Thätigkeit.

Kant wandte unwillkürlich und unbewusst dieses Kausalgesetz als absolut gültiges Erkenntnisprinzip an: denn es liegt seiner ganzen Schlussfolgerung zu Grunde.

Das ist allerdings zuzugeben: das Gesetz einer äussern Aufeinanderfolge von Ursachen und Wirkungen hat keine metaphysische Notwendigkeit. Allein in dieser Formel kommt auch nicht das Kausalgesetz selber zum reinen, ebensowenig zum vollen und einsichtigen Ausdruck, sondern nur eine besondere Form der Ursächlichkeit.

Es ist ein echt kantischer Gedanke: die objektive Gegenständlichkeit der Aussenwelt könne nur dann und insoferne Eingang in unsere Erkenntnis finden, wenn sie dem denkenden Geiste als dessen eigenstes Erzeugnis entstamme, also geistigen oder logischen Ursprungs sei. Wenn Subjekt und Objekt, Geist und Wirklichkeit wie zwei Raumgrössen nur nebeneinander stehen, bezw. einander fremd gegenüber stehen, dann sei eine Aufnahme der Gegenstände in die Erkenntnis nie begreiflich. Kant ging nur zu weit, indem er das Denken, welches die Wahrheit und die Denkform erzeugt, welches die Wirklichkeit erkennbar macht, in unsere eigene (überzeitliche) Vernunftthätigkeit verlegte.

Die Phänomenalität unserer Erkenntnis im Kantschen Sinn bedeutet im Grunde nichts anderes als den thätigen, erzeugenden, künstlerisch gestaltenden Charakter des Erkennens. Das Erkennen ist nachbildendes Denken. Allein der hinreichende Grund hiefür liegt nicht in uns selber, sondern ist in einem Höheren zu suchen.

Kant anerkennt schon dadurch die unbedingte Geltung des Kausalgesetzes, insofern es für alles einen hinreichenden Grund fordert, nicht insofern es eine gesetzmässige Folge von Zuständen bedeutet, indem er seine Kritik grundsätzlich der Skepsis gegenüber stellt. Die Skepsis meine, das menschliche Denken sei nicht als eigentliche Erkenntnisfähigkeit nachweisbar. — Diesen Gegensatz konnte Kant nicht aussprechen, wenn er nicht von vornherein an die Zusammenordnung der Wirklichkeit und unserer Erkenntniskräfte, des Objektiven und Subjektiven glaubte: — natürlich nur auf Grund der allgemeinen Wahrheit und Notwendigkeit des Kausalgesetzes.

Kant wollte die Bedingungen der allgemein gültigen und notwendigen Erkenntnis überhaupt wie für den Menschen feststellen, ohne den Ursprung der Vorstellungen, d. h. deren psychologische, genetische oder thatsächliche Voraussetzungen, so das Kausalgesetz, in Betracht zu ziehen: das war sein Irrtum und seine Selbsttäuschung. Er meinte, aus immanenten Unterschieden in den Vorstellungen selbst deren Erkenntniswert rein logisch feststellen zu können.

Die Erkenntnis, dass alle unsere Vorstellungen phänomenal seien, d. h. Erscheinungsformen, welche von der Seelenthätigkeit innerlich hervorgebracht werden, wenn auch infolge der von aussen kommenden Eindrücke, war höchst wertvoll und richtig; allein die stille Schlussfolgerung war unberechtigt, dass die Kategorien der sinnlichen Vorstellung schon deshalb gar keine thatsächliche Wahrheit und keinen inneren Erkenntniswert besässen. Damit unsern Sinnesempfindungen überhaupt eine Realität entspreche, und damit ihnen überhaupt ein Erkenntniswert des Dass zukomme, bedarf es der Voraussetzung einer gesetz- und zweckmässigen Zusammenordnung von Wirklichkeit und Erkenntnis auf Grund des Kausalgesetzes: damit ist auch die Grundlage für eine gewisse inhaltliche Verwandtschaft der Gegenstände und der Wahrnehmungsformen gegeben. Jedenfalls aber darf die Phänomenalität nicht mehr in ausschliessenden Gegensatz zur Realität gebracht werden. Einerseits sind alle Sinnesformen für die menschliche Vorstellung allgemeingültig und notwendig, nicht bloss das Neben- und Nacheinander; andrerseits entspricht allen Sinnesformen nicht bloss ein Dass, sondern auch ein verwandtes Was, wodurch sie eine sinnbildliche, wenn auch eigenartige und selbständige Wiedergabe der körperlichen Vorgänge und Zustände sind.

Kant meint, die Allgemeingültigkeit und Notwendigkeit unserer Erkenntnis sei nur begreiflich, wenn unser Verstand (nicht willkürlich, sondern vermöge seiner Organisation) der Natur und Wirklichkeit die Gesetzmässigkeit vorschreibe, nicht aber, wenn eine ausser uns bestehende Natur unserm Verstand die Erkenntnisweise vorschriebe, wie etwa die Form der Farbe, Schwere, Gestalt, Grösse.

Hiegegen ist zunächst zu bemerken: Es ist doch nicht berechtigt, von unserm Verstand zu sagen, er schreibe der Natur die Gesetzmässigkeit vor, indem er sie in subjektiven Denkformen und Beziehungen auffasst, wenn er dies nur auf Grund einer eigenen Organisation thut, an der er selber gar kein Verdienst hat. Gesetzgeberisches

Vorschreiben findet sich nur dort, wo eine massgebende Thätigkeit auf Grund von eigener Überlegung ausgeübt wird. Die Anwendung der sinnlichen und geistigen Denkformen ist ebensowenig eine gesetzgeberische That unseres Verstandes, wie die sittliche Verpflichtung und Verantwortung auf unsere eigene Gesetzgebung zurückgeht. Gesetzgeber ist in beiden Fällen nur derjenige, der unsere vernünftige und sittliche Natur mit bewusster Selbstbestimmung so eingerichtet hat, wie sie eingerichtet sind. Naturhaftes Wirken ist kein gesetzgeberisches Vorschreiben.

Übrigens macht Kant bei seinem Gedankengang die Voraussetzung des Kausalgesetzes und seiner unbedingten Allgemeingültigkeit, und zwar um den archimedischen Punkt zu finden, von dem aus das Verhältnis von Innerlichkeit und Aussenwelt, von Denken und Sein mit dem Anspruch auf eigentliche Wahrheit bestimmt werden könne.

Kant könnte die Schlussfolgerung auf eine überindividuelle Organisation unseres Geistes nicht vollziehen, wenn es ihm nicht erlaubt wäre, auf Grund des Kausalgesetzes den Schritt aus der Erfahrungswelt in die Welt der Urthatsachen zu machen, welche jenseits aller (sinnlichen) Erfahrung liegen. Darum ist ja seine Philosophie trotz ihres kritischen Charakters Realismus, weil sie behauptet, unsere Vorstellungswelt sei Erscheinung d. h. die Auffassung unseres Geistes von einer wirklich bestehenden Welt; nur als deren Abbild dürfe sie nicht gelten. Die kritische Philosophie Kant's ist ferner transcendentaler Phänomenalismus, weil sie beweisen will, die Welt der Gegenstände sei für den Einzelgeist das Produkt einer überindividuellen Organisation, die den Grund seines eigenen Wesens bildet. Unsere Vorstellungen erscheinen als Gegenstände, weil sie unbewusste Erzeugnisse unserer überindividuellen Verstandesorganisation sind. Unser Bewusstsein finde die Vorstellung der Gegenstände als etwas fertiges vor und nehme sie deshalb als etwas Gegenständliches und Thatsächliches. Die Wahrheit liegt daher nach Kant in der Übereinstimmung der individuellen mit der überindividuellen Vorstellung. Vgl. Windelband, Geschichte der neuern Philosophie, II. p. 78 sq.

Nach Kant's Prinzipien sind wir indes höher betrachtet mit unserer Vernunfterkenntnis nicht schlimmer daran, als mit unserer Erfahrung: dort verwehrt er uns, notwendigen Vorstellungen, nämlich solchen, die auf Grund des Kausalgesetzes notwendig anzunehmen sind, einen Erkenntniswert beizulegen oder sie für Vorstellungen von Gegenständen, d. i. für wahr zu halten. In der Erfahrungswelt kommen wir indes auch nicht über unsere Subjektivität hinaus, weil ja der Schein der Gegenständlichkeit nur dadurch entstehe, dass uns die Vorstellungsgebilde unserer überindividuellen Organisation den Eindruck des Fremden machen.

Die theoretische Philosophie Kant's ist unfähig, zur Anerkennung irgend einer Wirklichkeit zu gelangen, weder im Erfahrungsgebiet, noch durch Schlussfolgerung auf eine hinreichende Ursache. Diese Unfähigkeit hat sie selber verschuldet, indem sie das einzige Mittel, wodurch alles Vorstellen zum Wahrnehmen, und alles Denken zum Erkennen wird, ablehnt, nämlich das Grundgesetz, dass nichts ohne hinreichenden Grund bestehe, entstehe, erscheine. Nicht bloss unsere Vernunft, sodern unsere ganze Erfahrung bleibt der theoretischen Philosophie Kant's zufolge in der eigenen Innerlichkeit gefangen und ist aller Mittel beraubt, um aus der subjektiven Vorstellungswelt und deren Gesetzmässigkeit herauszukommen. Es ist demnach nicht ein Fehler der Wirklichkeit, sondern der kantischen Auffassung von der Wirklichkeit, wenn Kant gestehen muss: Im Wesen der menschlichen Erkenntnis sei ein Widerspruch. Es entstehen nämlich aus ihr mit Notwendigkeit Aufgaben, welche durch sie schlechthin nicht zu vollbringen seien: insbesondere das metaphysische Bedürfnis, das Bedingte auf ein Unbedingtes zurückzuführen und so zu erklären, während doch (nach Kant's Vorurteil) der Prozess des Bedingtseins immer ins Endlose gehe. — Allerdings kann dieser Prozess nicht gewaltsam durch ein Unbedingtes abgeschlossen werden; wohl aber wird dem Kausalgesetz durch ein Selbstbedingtes Genüge gethan.

Allerdings wenn aus der Notwendigkeit unseres vernünftigen und logischen Denkens nicht das Recht auf die Annahme der thatsächlichen Wahrheit zu entnehmen ist, dann ist die Erkenntnis für uns ein unerreichbares Ideal. Wie anders als kraft der Denknotwendigkeit sollen wir zu den sinnlichen oder übersinnlichen Thatsachen erkennend, sei es wahrnehmend oder schlussfolgernd, hinauskommen?

Was Kant der theoretischen Vernunft verwehrt, das vollbringt er mit der praktischen Vernunft — auf Grund jener sittlichen Thatsachen unserer inneren Erfahrung, welche den Unterschied von Gut und Schlecht, die Majestät der Pflicht und des Gesetzes, die sittliche Würde und Hoheit der Pflichterfüllung kundgeben. Dadurch sehe sich die Vernunft im lebendigen Zusammenhang mit einer höhern Welt, von der unsere ganze Erkenntnis nur den Schatten ergreife. Die metaphysischen Voraussetzungen, unter denen die sittliche Ordnung möglich ist, sind demnach als Postulate der praktischen Vernunft oder als praktische Vernunftwahrheiten anzunehmen. Denn die sittliche Ordnung und Überzeugung sei da als eine absolute Thatsache des innern Bewusstseins, und an ihre Realität zu glauben, sei eine allgemeine Notwendigkeit, ein integrierender Bestandteil der menschlichen Gattungsvernunft. Dieser allgemeine und notwendige Glaube könne seinem Begriff nach nicht auf ein Wissen gestützt, sondern nur aufgedeckt und aus den wechselnden Verhüllungen seiner empirischen Gestaltung herausgeschält werden. l. c. 121.

Als solche Voraussetzungen der sittlichen Ordnung haben zu gelten: die Freiheit des Willens als das Vermögen, eine Kausalreihe von vorn anzufangen; der intelligible Charakter oder die sittliche Urthat jedes Geistes, welche für ihn wesensbegründend ist; das Ding an sich oder die übersinnliche Welt; die Unterordnung des Glückseligkeitszweckes als des sinnlichen selbstsüchtigen Triebes unter die Sittlichkeit; die Unsterblichkeit, das höchste Gut und die vollendete sittliche Ordnung; das Dasein Gottes, da die natürliche Gesetzmässigkeit nie aus sich zu einer allgemeinen Glückseligkeit der Sittlichguten führen würde; ferner zur Erklärung des thatsächlichen Zustandes: das Radikalböse, das Erlösungsbedürfnis, die Notwendigkeit der Wiedergeburt zur Überwindung des Radikalbösen, der Glaube an die Realisierbarkeit der sittlichen Vollkommenheit, also an einen Idealmenschen oder Gottmenschen.

Der gesamte Kampf gegen das Böse ist bedingt durch die Idee des Guten in uns. Aber auch diese wäre unwirksam, wenn wir nicht von ihrer Realisirbarkeit überzeugt wären. Die erlösende Macht kann also nur in der Lebendigkeit bestehen, mit welcher dieses Ideal eines absolut guten und vollkommenen Menschen in unserm Bewusstsein wirkt. p. 130.

Allein — die praktische Vernunft kann unmöglich in irgend welchem Sinne zur Erkenntnis irgendwelcher Wahrheiten führen, so dass sie als wahr anerkannt werden dürften und gelten könnten. Wenn die Denknotwendigkeit und das Vernunftbedürfnis einer verständlichen oder ausreichenden Erklärung für die gegebenen Thatsachen kein Recht giebt, um die Thatsächlichkeit des einzig möglichen Erklärungsgrundes anzunehmen, dann giebt auch die Denknotwendigkeit jener Ideen, welche die Voraussetzung aller sittlichen Ordnung bilden, kein Recht, sie irgendwie, etwa als Postulate, für wahr zu halten. Die sittliche Ordnung erscheint wohl als ein unbedingt wertvolles Gut; allein die Erkenntnis der Wahrheit ist dies nicht minder; zumal sie die Voraussetzung für jede ernste Hingabe an die sittliche Ordnung ist. Mag übrigens die sittliche Ordnung noch so wertvoll sein: unmögliches kann sie auch nicht möglich machen, wie es nach Kant der Sprung aus der Subjektivität des vorstellenden Denkens in die äussere Welt der thatsächlichen Wirklichkeit wäre. Wenn man aber deshalb, weil sonst keine Sittlichkeit bei folgestrengem Denken möglich wäre, mit seinem Fürwahrhalten über die Erfahrung hinausgreifen und das Kausalgesetz als Erkenntnismittel für die Welt der übersinnlichen Thatsachen oder Ursachen verwenden darf, so ist man hiezu auch um des Ideals der hinreichenden Welterklärung willen berechtigt; denn dieser Zweck fällt mit dem in Anwendung zu bringenden Erkenntnismittel zusammen: mit der Überzeugung von der ursächlichen Verständlichkeit, Vernünftigkeit und Wahrheit des Thatsächlichen. — Kant hat wohl eingesehen, dass seine theoretische Forderung, man müsse sich mit der subjektiven Denknotwendigkeit begnügen und darauf verzichten, denknotwendige Vorstellungen für Erkenntnisse oder für Vorstellungen von Gegenständen zu halten, für das praktische Gebiet der sittlichen Ordnung versagt. Man könnte zwar gerade so sagen, der Mensch solle sich in sittlicher Hinsicht eben so verhalten, als ob das Denknotwendige wahr wäre — weil sonst keine Sittlichkeit möglich sei; wie man ja auch die Wissenschaft treibe, mit dem grundsätzlichen Verzicht auf eine Erfassung der Wirklichkeit: allein das Unerträgliche einer rein subjektiven Innenwelt kommt bei der sittlichen Frage ganz deutlich zur Empfindung. Wenn der Mensch die sittliche Ordnung anerkennen und bethätigen soll, so muss er zuerst ihre Wahrheit erkennen; ist ihm die Erkenntnis der Wahrheit vorenthalten, so kann er auch unmöglich zur Sittlichkeit verpflichtet sein. Er wird sich dann ebenso damit trösten, dass unser sittliches Wesen einen unlösbaren Widerspruch zwischen Pflicht und Erfüllung in sich berge, wie unsere Erkenntnisanlage einen solchen zwischen dem metaphysischen Bedürfnis einer hinreichenden Begründung der Welt und der Unmöglichkeit, eine solche auf theoretischem Wege zu gewinnen.

Wenn es indes nicht zulässig ist, sich hinsichtlich der sittlichen Anlage mit einem Widerspruch zu vertrösten, so ist dies ebensowenig hinsichtlich der Erkenntnisanlage gestattet. Denn der Grund ist in beiden Fällen derselbe: Der Widerspruch kann nicht das Tiefste sein; die Wirklichkeit in uns und um uns ist im Grunde vernünftig, weil aus Vernunft und einem heiligen Willen abzuleiten. Nur das Vollkommene befriedigt; dass dies eine richtige Anlage sei, leuchtet ebenso unmittelbar ein, wie das damit identische Kausalgesetz, weil nur das Vollkommene eine hinreichende Erklärung bietet. Nur was sich selbst erklärt, kann als letzter Erklärungsgrund für alles andere gelten; nur was sich selber in Wesen und Dasein bestimmt, kann die für alles andere bestimmende Macht sein.

Dann muss Kant allerdings auf den innerlich widersprechenden Versuch verzichten, aus der reinen Form der Vorstellung zur urteilenden Anerkennung einer thatsächlichen Wahrheit kommen zu wollen — ein Versuch, der ebenso unmöglich ist, wie die Begründung der Sittlichkeit durch die Form der Gesetzlichkeit allein, ohne Rücksicht auf den Inhalt und Zweck des Sittengebotes.

Die Vorstellung bietet zwei Seiten: die ideale Form, wodurch sie einen Inhalt für das Bewusstsein entfaltet, und einen realen Ursprung, kraft dessen sie entstand, besteht und wirkt. In letzterer Eigenschaft ist sie mit der Wirklichkeit in ursächlichem Zusammenhang und allein geeignet, dem von demselben Ursächlichkeitsgesetz in seiner Denkthätigkeit bestimmten Geist aus der subjektiven Innerlichkeit in die wirkliche Welt hinaus zu verhelfen. Als ideale Vorstellung vermag sie das nicht; nur als ein Vorstellungsakt, welcher selber dem ursächlichen Zusammenhang angehört.

Die Forderung Kant's, aus immanenten, rein logischen Eigenschaften der Vorstellungen das Erkenntnisrecht derselben zu entnehmen, ohne auf ihren psychologischen Ursprung zu achten, gleicht der Forderung, mit inneren Gesichtsvorstellungen allein sehen zu wollen, ohne dabei die Augen zu öffnen. Noch so viele Vorstellungen ergeben kein Urteil, wenn man das Kausalgesetz nicht als Erkenntnismittel anwenden will; alle Form der Gesetzlichkeit ergiebt keine Verpflichtung, wenn kein inhaltlicher Zweck eigentlicher Vollendung der formellen Gesetzlichkeit selber ihr inneres Recht giebt. Der Zweck ist die Seele der Pflicht; natürlich nur der Zweck der wahren Vollendung.

Allerdings darf der Zweck des verpflichtenden Gesetzes nicht bloss in der sachlichen Leistung oder in dem sittlichen Werke als solchem gesucht werden (Werkheiligkeit), sondern in der persönlichen Charakterbildung und Geistesvollendung selber. Dieser Gesichtspunkt schliesst den sachlichen Wert des guten Werkes nicht aus, sondern ein; denn durch gute Werke bethätigt sich die sittliche Gesinnung und reift der Mensch selber zur geistig-sittlichen Vollkommenheit heran. Die Gewinnung der persönlichen Geistesvollendung in einem Leben, das der Wahrheit und kraftvollen Willensvollendung gewidmet ist, eben durch die Beschäftigung mit der Wahrheit, ist ein sittlicher Zweck, durch den jener Utilitarismus der rationalistischen Moral ausgeschlossen wird, der trotz des Altruismus über den Gesichtskreis der irdisch-zeitlichen Interessen nicht hinauskommt, und damit im Reich der Selbstsucht gebannt bleibt. Der kräftig erfasste Zweck der Selbstvollendung zu einer charaktervollen Persönlichkeit oder Willensart hat mit Selbstsucht nichts gemein, und steht dem Gemeinsinn nicht im Wege: wohl aber ist der Zweck dieser persönlichen Charakterbildung nicht zu denken, ohne dass auch ein Lebensinhalt von unvergänglicher Bedeutung angenommen wird. Dieser Lebenszweck des Geistes ist die ungehemmte Beschäftigung mit der Wahrheit und deren Umsatz in geordnete und einsichtige Erkenntnis mittelst Selbstbestimmung, das Ideal des ewigen Lebens in und aus der Anschauung Gottes. Der Begriff der persönlichen Geistesvollendung nimmt unmittelbar und zunächst den Willen in Anspruch; aber nicht ausschliesslich: denn die Beschäftigung mit der Wahrheit ist der einzig denkbare ebenbürtige Lebensinhalt für geistige Charakter- und Wesensvollendung.

Der Protestantismus wollte von Anfang an die Bedeutung der persönlichen Gesinnung und Charaktervollendung in Religion, Glaube und Sittlichkeit hervorheben, und trat deshalb ebenso in schroffsten Gegensatz gegen die Werkgerechtigkeit oder die Wertschätzung der guten Werke um ihres eigenen Inhaltes willen, wie er beim Glauben das sachliche Fürwahrhalten und bei der Seligkeit den intellektuellen Genuss der Gottschauung zurücktreten liess. — Allein die persönliche Geistesvollendung ist in der diesseitigen Entwickelung wie in der jenseitigen Reife nur möglich, wenn sie einen entsprechenden Lebensinhalt hat, der auch um seiner selber willen wertvoll ist. Das ist eben die Wahrheit und deren geistige Verarbeitung. Wird nun das Ideal der vernünftigen Erkenntnis durch die Annahme der Kant'schen Prinzipien als unerreichbar erklärt, weil die Vernunft eine Allgemeingültigkeit und Notwendigkeit nicht zu erkennen und zu verstehen vermöge, welche ausser ihr bestünde und nicht ihr eigenes Erzeugnis wäre, so wird dem Menschen eben der einzige Lebensinhalt genommen, der für sein metaphysisches Erkenntnisbedürfnis wie für die Ewigkeit angemessen ist.

Die Neubegründung des Gottesglaubens und der Sittlichkeit durch die praktische Vernunft ist nicht bloss ein unhaltbares Surrogat, wenn es unzulässig ist, auf dem Weg der theoretischen Schlussfolgerung zu einer ausreichenden Welterklärung und Lebensordnung zu gelangen, sondern führt auch zu jener verhängnisvollen Lostrennung des Sittlichkeits- und des Seligkeitsprinzips voneinander, die gerade Kant als unmoralisch gebrandmarkt hat. Wenn Gott als Postulat der praktischen Vernunft nur der Vollstrecker der sittlichen Weltordnung ist, und wenn hiezu ein Seligkeitszustand gefordert wird, der nicht die geistige Gottesgemeinschaft, d. h. den geistigen Verkehr mit Gott zum einzig wesentlichen Inhalt hat, dann stehen das Seligkeits- und Sittlichkeitsinteresse nur in äusserlicher Zusammenordnung; innerlich sind sie einander fremd, wenn nicht gefährlich. Wenn aber Gott zugleich als der einzig gute Lebensinhalt des Geistes und darum als das verpflichtende Gesetz und Vorbild der Sittlichkeit und geistigen Selbstvollendung erkannt ist, dann ist Eudämonismus und Ethicismus innerlich geeint: das Reich Gottes ist Sittlichkeit und Seligkeit, persönliche Selbstvervollkommnung, weil das inhaltreichste Geistesleben auch die höchste Geistesvollendung fordert.

Der persönliche Gottesbegriff und mit ihm das Christentum, vor allem in seiner katholischen Form und Überlieferung, verdient deshalb den Vorwurf Eduard von Hartmann's nicht, den er zunächst allerdings nur gegen den Jesuitismus und Ultramontanismus erhebt: ein Surrogat von Sittlichkeit (und Wissenschaft) an die Stelle wahrer (autonomer) Sittlichkeit (und Geistesbildung) zu setzen. Vgl. Phänomenologie des sittl. Bewusstseins. Berlin 1879, p. 93 sq. Dieser Vorwurf trifft nur zu, wenn und soweit Gott und sein ewiges Wesen in ein vorwiegend äusseres Verhältnis zum Sittengesetz gebracht wird, indem der autoritative und positive Charakter desselben einseitig hervorgehoben und dessen Erfüllung weniger als der innere Anfang, denn als die positiv gesetzte Bedingung der Seligkeit dargestellt wird. Eine bedenkliche Herabstimmung des Gottesbegriffes liegt in dieser Richtung vor, wenn von Gott gesagt wird, dass er über das Gesetz der Güte hinsichtlich der Bethätigung erhaben sei, weil er keinen Oberen über sich habe, der ihn überhaupt dazu verpflichten könnte. (Hontheim, S. J., Theodicaea 1893, Nr. 434.)

Wenn die Persönlichkeit im Sinne Kant's nur aus sich selber den geistigen Lebensinhalt schöpfen soll, so wird die geistige Vollendung unmöglich, weil der Geist nicht aus seiner Subjektivität herauskommt und dem Zustand innerer Leere anheimfällt. Wird im einseitigen Gegensatz zu dieser theoretischen und ethischen Autonomie die Objektivität und Positivität des geistigen Lebensinhaltes, der Wahrheit und der sittlichen Gesetze, betont und infolgedessen die Notwendigkeit, diesen geistigen Lebensinhalt in Glauben und Gehorsam von der Autorität entgegenzunehmen, so wird die Persönlichkeit zu wenig in Anspruch genommen und es tritt die Gefahr einer geistigen Rückständigkeit ein. Es ist eine zu geringe Inanspruchnahme des Geistes, wenn er als Vernunft und sittliche Fähigkeit sich nur entgegennehmend und ausführend verhalten soll. Die persönliche Geistesvollendung ist in vollem Sinne nicht zu erzielen, wenn Vernunft und Wille nicht innerlich von den grossen Fragen und Aufgaben ergriffen werden, und wenn einem die Notwendigkeit einer selbständigen Stellungnahme durch wohlwollende Vormünder erspart bleibt. Alle Häufung des Wissens und alle Steigerung des Lernens ergiebt bei sonst gleichen Verhältnissen niemals jene Ausbildung des Geistes, die in der Empfindung der Rätsel und Schwierigkeiten, kurz in jenem Staunen gründet, das nach Aristoteles der Anfang der Philosophie ist. Weisheit und Verständnis können nicht gelernt, sondern nur durch Selbstthätigkeit errungen werden. „Alles Wissen nützt uns nichts, wenn es nicht von uns ist" — wenigstens im Sinne selbstthätigen Ringens und Empfindens der Probleme und Gegensätze. Wenn man nicht selber innerlich denkend erlebt und würdigt, was den Gegner bestimmt, kann man ihn vielleicht für den eigenen Schulgebrauch abfertigen, aber man wird seine Anschauung in der grossen Welt nicht erschüttern. Von dieser Erwägung und von dem Gedanken, dass die Theologie und Philosophie des scholastischen Mittelalters mit Gläubigen zu thun hatte, die moderne Glaubenswissenschaft hingegen mit Zweiflern, Freidenkern und Glaubensgegnern, gehen die Bestrebungen Maurice Blondel's in Frankreich aus, die katholische Apologetik zu heben. cf. L'Action Paris 1893; Lettre sur les exigences de la pensée contemporaine en matière d'Apologétique et sur la méthode de la Philosophie dans l'étude du problème religieux. St. Dizier 1896. cf. L. Laberthonnière in den Annales de philosophie chrétienne. P. Schanz, Neue Versuche der Apologetik. Regensburg 1897. Eucken, Kampf um einen geistigen Lebensinhalt. Leipzig 1896.

Selbstursächlichkeit.

Kant gegenüber muss die absolute Geltung des Kausalgesetzes behauptet werden, in dem Sinne dass Alles hinreichend begründet sei, und zwar soweit es etwas ist, dass es also einen innern Grund habe, wenn es nur etwas Gedankliches ist, dass es einen Grund der thatsächlichen Wirklichkeit habe, wenn es und insoweit es etwas Wirkliches ist. Der hinreichende Grund des Wirklichen heisst Ursache, als Grund der Thatsache. Dieser hinreichende Grund muss in einem Höhern oder Andern liegen, wenn er nicht in der Thatsache selber liegt; andrerseits kann man nur dasjenige als die Urthatsache annehmen, was den hinreichenden Grund seines Wesens und Daseins in sich selber hat, was ratio et causa sufficiens sui ipsius ist. Denn sonst wäre das Kausalgesetz nicht im tiefsten Wesen der Wirklichkeit und Wahrheit begründet, und könnte unmöglich der einfachste, notwendige und allgemeingültige Ausdruck alles Seins und Erkennens sein. Die Kluft zwischen unserer subjektiven Innerlichkeit und der objektiven Wirklichkeit ist schlechthin unüberbrückbar (darin hat Kant recht), wenn das Kausalgesetz nicht mit ausnahmsloser Gültigkeit und innerer Notwendigkeit herrscht. Das kann indes nur sein, wenn das Kausalgesetz der eigenste Ausdruck der Wirklichkeit ist. Dann ist die erste Urthatsache durchaus vernünftig, weil in sich selbst begründet, durchaus heilig und vollkommen, weil von sich selber vollzogen — nicht durch ein zeitliches Entstehen aus dem Nichts, sondern durch ein ewiges Bestehen in sich selbst. Diese ewige Urthatsache ist dann wirklich, was sie sein soll, eine Erklärung, die sich selbst erklärt, eine Lösung, die selbst im eigenen Grund kein Rätsel birgt, Licht ohne Finsternis, reine That ohne dunkeln Naturgrund und ohne eine dieser Selbstthat fremde Voraussetzung, wesenhafte Weisheit und Heiligkeit, selbstbestimmte Denk- und Willensthat.

Es ist zu beachten, dass das Kausalgesetz in der Ordnung des Seins nichts anderes bedeutet, als was das Gesetz der Verständlichkeit und Vernünftigkeit in der Welt des Erkennens, und was das Gesetz der Sittlichkeit für den Willen bedeutet: die Forderung und Notwendigkeit, dass alles hinreichend bestimmt und begründet sei, entweder durch ein Höheres, oder durch sich selbst. So wird die Selbst-Ursache zum Erklärungsgrund und Ideal allen Seins, allen Erkennens, allen Wollens.

Ein Widerspruch liegt im Gottesbegriff der Selbstursache nicht. Ein solcher würde nur vorliegen, wenn damit das Entstehen des Urwesens durch eigene Thätigkeit in der Zeit behauptet würde. Allein die Selbstursache bedeutet, dass das Urerste kraft eigener Weisheits- und Heiligkeitsthat ewig und in unendlicher Lebensfülle besteht, ohne jemals des Entstehens oder der Vervollkommnung zu bedürfen.

Insbesondere sollte man sich theologischerseits hüten, dem Gottesbegriff der Selbstursache den Vorwurf des inneren Widerspruchs zu machen. Denn die Selbstursächlichkeit ist nichts anderes, als jene Bestimmung des natürlichen Gottesbegriffs, wodurch er für die Aufnahme der Dreipersönlichkeit und der beiden innergöttlichen Hervorgänge mit dem wechselbezüglichen Personengegensatz und realen Personenunterschied empfänglich wird. Ohne die Selbstursächlichkeit stehen der theistische Gottesbegriff und der dreieinige Gottesbegriff der Offenbarung ganz fremd, wenn nicht unvereinbar nebeneinander. Jedenfalls kann man nicht mehr in der übernatürlichen Offenbarungslehre als Mysterium verehren, was man in der natürlichen Wesensbestimmung Gottes als Widerspruch gebrandmarkt oder gar als Widersinn erklärt hat. Der Glaubensbegriff enthält nämlich in der Trinitätslehre nicht bloss die Idee der Selbstwirklichkeit durch Hervorbringen und Hervorgehen in einem Wesen, sondern fügt zur Selbstursächlichkeit sogar die weitere Bestimmung hinzu, sie begründe einen realen Gegensatz und Unterschied der Personen in Gott.

That im Sinne der reinen Thätigkeit und der Selbstthätigkeit ist der Wesensbegriff des Geistigen; Thatsache im Sinne der ruhenden Masse ist der Wesensbegriff des Ungeistigen. Die Wirksamkeit in der Natur- und Körperwelt ist die der Natur mitgeteilte Geistigkeit; allerdings ohne etwas dazu zu können. Das Naturwesen bleibt eine Spur des Urgeistes (vestigium Dei), während erst im Menschen das Ebenbild der vollen Geistigkeit erscheint: imago Creatoris.

Gewirkt sein und passiv bestimmt sein — in Wesen und Wirken — ist der Charakter der Masse, des Stofflichen, des Mechanismus; Selbstbestimmung und Selbstthätigkeit ist der Grundzug des Geistigen. So Eucken: „Wohl weist die Natur selbst über diese Schranken des blossen Mechanismus hinaus. Auf irgend welches Ganzes und Inneres deutet die durchgängige Wechselwirkung der Körper, die Gesetzlichkeit alles Geschehens, die unerschöpfliche Formbildung, der aufsteigende Gestaltungstrieb, endlich auch das Seelenleben, das überall aus der Natur aufquillt. Aber den Mechanismus lockern, heisst noch nicht ihn überwinden, eine neue Ordnung ahnen, nicht sie begründen. Auch bei jenen Milderungen verbleibt ein peinliches Missverhältnis, ja ein ungeheurer Widerspruch zwischen der Kraft und Leidenschaft, die für dies Leben aufgeboten wird, und dem Ertrag, den es gewährt. . . . Entweder ist dieser Kreislauf nicht das Ganze und es hat die Natur eine grössere Tiefe des Seins in sich und eine Bewegung zum Geist vor sich oder der Weltprozess verläuft in Leere und Unvernunft, und ein Wesen wie der Mensch, das nun einmal denkt und eine Innerlichkeit nicht von sich werfen kann, ist ein blosser Fehlgriff der Natur; aus der Krone der Schöpfung wird eine unerträgliche Missgeburt, in Thun und Ergehen einer völligen Vereinsamung und Verzweiflung preisgegeben."

„Vor einem solchen Ausgang bewahrt lediglich und allein die Anerkennung einer selbständigen Geistigkeit . . . Hier erst eröffnet sich gegenüber dem phänomenalen ein substantielles Leben, und von einer Vernunft des Daseins kann nunmehr im Ernst die Rede sein."

„Diese Wendung scheitert nicht an der unanfechtbaren Thatsache, dass in unserer menschlichen Erfahrung die Bethätigung der höhern Stufe durchgängig an das Mitwirken der niedern gebunden bleibt. Denn wird nur der verführerische, aber schiefe und schliesslich den Geist der Natur aufopfernde Gedanke eines Parallelismus beider Reiche ferngehalten, so gestattet die Überzeugung von der wesentlichen Selbständigkeit des Geisteslebens die vollste Anerkennung der empirischen Abhängigkeit aller geistigen Leistung von Naturbedingungen . . . Das Geistesleben erscheint von hier aus nicht als eine blosse Zierde und Zuthat zur Wirklichkeit, sondern als die Erschliessung ihrer eigenen Substanz:" (Vergl. Geistiger Lebensinhalt p. 29, 30). Die reine Geistigkeit ist eben die innerliche und thatkräftige Selbstbegründung der ganzen und vollkommenen Wirklichkeit; damit ist die Möglichkeit einer vernünftigen Wirklichkeit, aber auch einer vernünftigen Erkenntnis gegeben, die jener Wirklichkeit inne wird. Gott als der ewige Vollzug des Kausalgesetzes ist die Bürgschaft seiner unbedingten Geltung und damit die Ermöglichung einer vernünftigen Erkenntnis. Durch die Selbstursächlichkeit ist die innere Verständlichkeit der Urthatsache, die ewige Harmonie zwischen Wirklichkeit und Vernunft (sowie heiliger Güte), und damit die Einheit von Sein und Erkennen ausgesprochen. Wenn das Urwesen nicht Selbstgedanke und Selbstwille ist und so alle Wirklichkeit als sein Eigentum beherrscht, dann ist unser Denken und Wollen unfähig, aus seiner Subjektivität hinauszukommen und der Wirklichkeit erkennend und bestimmend habhaft zu werden. Die Selbstursächlichkeit Gottes bedeutet die tiefste und innerlichste Einheit von Sein, Denken und Wollen, mit überragender Bedeutung des Denkens und Wollens, welches das Sein als Lebensinhalt in sich birgt und aus sich hervorbringt, da nur die That der Erklärungsgrund für die Thatsächlichkeit sein kann. Wer im Geiste den Erklärungsgrund anerkennt, nicht in der Masse, der kann bei folgestrengem Denken den Begriff der Selbstursächlichkeit nicht ablehnen. Die Thätigkeit, welche alle ihre Voraussetzungen in sich selber birgt, ist eben die reine Geistigkeit, und weil von sich allein bestimmt und getragen, Selbstursache. Die Masse kann nur Wirkung, nicht Ursache, nur gedacht und gewollt, nicht hervorbringend sein.

Im Menschen findet sich allerdings die volle und reine Geistigkeit nicht: er ist nicht selbstursächliche Denk- und Willensthat, sondern ein an Naturvoraussetzungen innerlicher und äusserer Art gebundenes Denk- und Willensleben. „Ein selbstthätiges Leben als Ursprung und Kern aller Geistigkeit setzen, das heisst nicht behaupten, dass dieses Leben auch bei uns lediglich aus sich selbst — sei es durch ein allmähliches Ansteigen, sei es durch die Schraubenlinie einer dialektischen Bewegung — allen Inhalt hervortreibe und unsere ganze Wirklichkeit erzeuge . . . Ohne eine in sich selbst ruhende, alles menschliche Unternehmen begründende und umfangende Geisteswelt kommt unser Thun nicht über seine natürliche Enge hinaus . . . ohne Zurückbeziehung auf die Welt der Erfahrung und ohne Ergreifung der in ihr steckenden Thatsächlichkeit kann (unser Geistesleben) nun und nimmer zu einer konkreten Gestalt, zu einem Stande voller Durchbildung fortschreiten, es kann nicht ohne schweren Schaden jene Welt übersehen oder geringachten. Das aber heisst wiederum nicht, dass es von dort den Stoff fertig aufnehmen könnte, und dass unsere Geisteswelt sich aus inneren und äusseren Bestandteilen wie ein Produkt zusammensetze . . .

. . . Was immer die Erfahrung an eignem und neuem enthalten mag, sie erschliesst es nur der Vernunftarbeit und nach dem Masse der ihr entgegengebrachten Selbstthätigkeit; diese hat den Entwurf vorzuzeichnen, worin dann aus jener die Eintragungen erfolgen; diese stellt die Fragen, wofür sich hier Antworten finden sollen." Eucken, l. c. p. 34, 35.

Zwischen der gegenständlichen Wirklichkeit ausser uns und unserer vergegenwärtigenden und wertschätzenden Innerlichkeit findet auf Grund des allbeherrschenden Kausalgesetzes ein solch intimer Zusammenhang statt, dass die Begriffsbildung und Einsicht oft aus einer einzigen Erfahrung hervorgehen kann — wie bei den von Kant erwähnten einsichtigen Urteilen, dass $5 + 7 = 12$, und dass zwischen zwei Punkten die gerade Linie die kürzeste sei.

Nicht deshalb werden die inneren Seelenzustände von uns unräumlich vorgestellt, weil wir die Kategorie des Raumes nicht ebenso auf sie anwenden, wie auf den äussern Empfindungsinhalt, sondern weil sie ihrer eigensten Natur zufolge eine räumliche Auffassung verwehren.

Die klare Vorstellung, die vom richtigen Gesichtspunkts aus entworfen und als Form dem Erfahrungsbestand entgegengebracht wird, ist das Mittel zu einsichtigem Urteil und Verständnis. So bei den Grundgesetzen der Erkenntnis, wie bei den sittlichen Urteilen über gut und schlecht, schön und hässlich. P. Schanz sagt daher mit Recht, der aus dem schöpferisch gestaltenden Denken dem Erfahrungsbestand entgegengebrachte richtige Vorstellungsentwurf sei bei allen Erfindungen und Entdeckungen das Erste und Entscheidende.

„Der Gedanke ging voraus, er anticipirte das Ergebnis der Erfahrung und gab der Beobachtung die Richtung an, um zu sicheren Resultaten zu gelangen; aber er wäre nie zu einer allgemein anerkannten Wahrheit gelangt, wenn er nicht durch die Erfahrung bestätigt worden wäre. Der Gedanke herrscht also über die Erfahrung; er hat sich nicht erst allmählich aus dem sinnlichen Eindruck herausentwickelt; aber er bleibt inhaltsleer und unsicher, wenn er nicht durch die Erfahrung angeregt und bereichert wird. Aus dieser hat er eine astronomische Formel gebildet, welche manche als Vorbild für eine Weltformel betrachten." Neue Versuche der Apologetik 1897, p. 209. — Auch wenn ein glücklicher Zufall den Forscher zu Entdeckungen führt, so geschieht es nur, weil der Forscher sofort aus der überraschenden Beobachtung die entsprechende Formel bildet und sie mit derselben unter den richtigen Gesichtspunkt stellt.

III.

Das Wesen des Geistes liegt in der lebendigen Einheit und Wechseldurchdringung von Erkenntnis und Willenskraft. Wie erstere den idealen Inhalt, Grund und Zweck, so giebt der Wille die wirkliche Kraft, Richtung und Vollkommenheit.

Allein: so sehr Denken und Wollen zu allen Zeiten als die Grundformen des Geistes hervortraten, so bereitete deren gleichmässige Würdigung und Zusammenordnung der philosophischen und theologischen Wissenschaft grosse Schwierigkeiten.

Die theoretische Wissenschaft neigt naturgemäss dazu, die Aufmerksamkeit vor allem auf die Erkenntnis zu lenken, und im Vergleich hierzu das Willensgebiet verhältnismässig zu vernachlässigen, oder der Erkenntnis als blind ausführendes Werkzeug unterzuordnen, oder wichtige Elemente des Willenslebens einfach zum Erkenntnisgebiet herüberzurechnen.

Der einseitig intellektualistische Charakter der griechischen Philosophie ist nicht zu verkennen. Im Greisenalter der Kulturperioden richtet sich die Aufmerksamkeit allerdings auf die praktische Lebensgestaltung, auf die sittlichen Probleme: die Philosophie wie die Religion wird mehr in den Dienst der Frage gestellt, was für Ziele der menschlichen Natur gesteckt und erreichbar seien. Allein das ist keine erschöpfende Philosophie des Willens, noch eine entsprechende Verwertung der im Willen vorhandenen Ursächlichkeit für die Welterklärung und das Problem des Geistes.

In der alt- wie neutestamentlichen Offenbarung tritt von Anfang an mit der Idee des göttlichen Geistes die ebenbürtige Betonung des Willenslebens in der Gottheit hervor, der lebendig machenden Willensmacht, Heiligkeit und Liebe — neben der gestaltenden Weisheit und Kunst. Hier leistet der Wille, was sonst die Materie: der Wille des Schöpfers giebt den allgemeingültigen Gattungsformen nicht bloss die thatsächliche Verwirklichung, sondern auch die Besonderheit und Eigenart des individuellen Einzeldaseins und der Eigenpersönlichkeit. Damit ist der Wert und die Bedeutung der persönlichen Selbständigkeit im höchsten Sinne sicher gestellt. Gott als lebendigmachender Geist ist der Urheber und Wahrer der selbständigen Einzelpersönlichkeit.

Der Beistand des göttlichen Geistes, wie er für die Offenbarungsschriften und das Heilswerk erforderlich ist und angenommen wird, macht die menschliche Selbstthätigkeit nicht entbehrlich, drängt sie auch nicht zurück, sondern regt sie gerade an und bringt sie als seine eigenste Wirkung und Folge mit sich. So erklären sich viele Eigentümlichkeiten der Offenbarungsgeschichte, welche bei anderer Auffassung des göttlichen Wirkens und seines Verhältnisses zum Eigenwillen und zur selbständigen Einzelpersönlichkeit leicht zu bedenklichen Schwierigkeiten werden.

Ganz anders, wenn statt des Willens die Materie als Prinzip der Verwirklichung und Vereinzelung gilt: dann ist die individuelle Eigenart ein unvermeidliches Übel, die persönliche Selbständigkeit eine Gefahr — zur Abweichung vom allgemeinen Typus und Gesetz. — Wird hingegen der Wille als der letzte Erklärungsgrund der Verwirklichung und der selbständigen Sonderexistenz erkannt, so ist die letztere eben die gleichwertige Form zur ebenbürtigen und darum originellen Ausgestaltung des Artgedankens oder des Sittengesetzes. Das Ideal wird durch die Einzelpersönlichkeit nicht gefährdet, sondern findet in ihr die Kraft zum ebenbürtigen Vollzug. Ähnlich verhält es sich mit der Entwickelung in Lebensaltern: der Artgedanke fordert sie selber; denn nur so kommt seine ganze Vollkommenheit zur Erfüllung; gleichzeitig wäre seine volle Verwirklichung gar nicht möglich. Die zeitliche Entwickelung und die individuelle Vervielfältigung sind keine Gefährdung des Artgedankens, sondern das Mittel zu dessen Verwirklichung, die nur so möglich ist.

Wo das Allgemeingültige im Vordergrund der Betrachtung und Wertschätzung steht, ist die Hervorhebung des Gesetzes und der es vertretenden Autorität sowie der äussern Form zu erwarten; das Prophetentum vertrat mehr den Geist, den Zweck, die verständige Freiheit und das selbständige Urteil.

Sind dies die beiden Richtungen, die als priesterlich gesetzliche und als prophetisch-vergeistigte Auffassung der Religion und der Menschheitsziele im alten Testamente nebeneinander herlaufen, so vertritt im neuen Testamente der Apostel Johannes theoretisch und praktisch den Logosgedanken — mit aller Majestät des Gesetzes, Paulus hingegen die lebendige Willenskraft des Geistes mit all den Idealen von Allseitigkeit, Freiheit, Selbständigkeit, die sich daraus ergeben.

Augustinus, der philosophisch und theologisch unvergleichlich fruchtbare Denker, hat im Anschluss an Plotin die theoretische Würdigung der Einzelpersönlichkeit und des Willens gleichmässig gefördert, indem er energisch auf die Innerlichkeit des Seelenlebens hinwies und das persönliche Selbstbewusstsein als den unantastbaren festen Punkt in erkenntnis-theoretischer und sittlich-religiöser Hinsicht hervorhob. Von Augustinus empfingen im Mittelalter jene Scholastiker ihre Anregung, welche der intellektualistischen Richtung des Thomismus gegenüber die Bedeutung des Willens zur Geltung brachten.

Am schroffsten geschah dies durch Duns Skotus und seine Schule, leider in der Weise, dass der Wille der Vernunft und dem Logos mehr gegenüber gestellt, anstatt innerlich eingefügt wurde. Der Wille, der die innere Vollzugskraft der Weisheit ist, die Freiheit, welche die allein ebenbürtige Erfüllung des Vollkommenen ist, bekam hierdurch einen Zug von rein positiver Willkürmacht, als der von der Weisheit und Vernunft unabhängigen Freiheit. Natürlich führte dies auch zu einer mehr autoritativen Begründung der religiösen und sittlichen Ordnung, da alle Satzungen weniger durch innere Vernünftigkeit, als durch die Autorität des Gesetzgebers begründet erschienen. In Gott trat die Autorität des allmächtigen und allerhöchsten Herrn hervor, der seine Offenbarung und Gesetzgebung durch beglaubigte Stellvertreter kundgiebt; hingegen trat im Gottesbegriff jene Weisheit und Güte zurück, welche unmittelbar unserer Vernunft und sittlichen Anlage verständlich ist.

Die Grundrichtung des Skotismus geht darauf, dem Willen den Vorrang vor der Erkenntnis zuzusprechen, das Positive und die Autorität stärker hervorzuheben als die innere Begründung und sachliche Notwendigkeit, damit den Gehorsam und die Kirchlichkeit gegenüber dem selbständigen Urteil und der inneren Religiosität; er zielt aber auch darauf, dem Einzelwesen den Vorzug des wahren und vollen Seins zuzuerkennen, gegenüber dem Artbegriff und Gattungswesen. Alles das lässt sich auf die Gegenüberstellung und die Trennung des Willens vom Erkennen zurückführen; denn dann hat der Wille ein vom Erkennen gesondertes Gebiet und damit den Vorzug der Thätigkeit, Selbstbestimmung und Freiheit. Ist aber der Wille im Gegensatz zur Vernunft der tiefste Grund des geistigen Adels, so kann sich die sittliche Güte eigentlich nur im autoritativen Befehlen und Gehorchen ausprägen, in einem Gebieten und Befolgen, das nicht auf der innern Weisheit der Sache beruht, sondern auf dem Gebrauch der einzel-persönlichen Willensmacht und andrerseits auf der schuldigen Rücksichtnahme auf diese überlegene Herrschergewalt.

Damit tritt auch bei Gott der Charakter der höchsten Einzelpersönlichkeit in den Vordergrund, die zwar allen endlichen Einzelwesen unendlich überlegen ist, aber vor allem durch die Herrschermacht, welche ihnen gegenübertritt und zwar durch Einschränkung ihrer Freiheit von aussen her. Gottes Majestät und sittliche Hoheit scheint dann zumeist darin zu liegen, dass sein Wille unbeschränkt ist, weil er keinen Höhern über sich hat.

Mit dem Vorrang des Willens, der allerdings die eigentliche Offenbarung des Einzelwesens ist, ist auch der Vorrang des individuellen Seins vor dem Gattungswesen, und der Wirklichkeit vor der inhaltlichen und allgemeingültigen Artbeschaffenheit gegeben.

Denn nur das Wirklich-Bestehende kann wollen und wirken, und da nur das Einzelwesen wirklich sein kann, so kann auch nur das Einzelding und die Einzelpersönlichkeit als eigentlich wirkend und insbesondere sich selbstbestimmend gedacht und infolgedessen erkannt werden. Die göttliche Erkenntnis der bedingtzukünftigen Willensbethätigungen möglicher Personen ist nicht festzuhalten, wenn deren Voraussetzung, die wirkliche Einzelexistenz nicht erfüllt ist. Rein mögliche Personen können keinen Akt der Selbstbestimmung setzen, auch nicht gedachter Weise; Wille und Wirklichkeit, wirkliche Einzelpersönlichkeit und Selbstbestimmung stehen im untrennbarsten Zusammenhange.

Mit dem Prinzip, dass die Individualität das wahre und vollkommene Sein sei, ergiebt sich indessen leicht, dass die Mitteilung der Existenz zum eigentlichen und ausreichenden Inhalt der Erschaffung wird. Die Schöpferthätigkeit Gottes erscheint dann nur noch notwendig, um jedem Ding seine Existenz zu geben, während es als eigentümliche Natur und Persönlichkeit schon in der ewigen Ideenwelt von Gott vorgefunden wird und von seinem unerforschlichen Ratschluss nur zur Verwirklichung ausgewählt zu werden braucht.

Mit diesen Grundsätzen sind dann, wie leicht ersichtlich, folgende skotistische Anschauungen gegeben oder verwandt:

Gut ist, was Gott als gut erklärt und vorschreibt, so dass an und für sich oder in einer anderen Weltordnung gut sein könnte, was jetzt unsittlich, weil verboten ist.

Das Gute ist in seinen einzelnen Forderungen nicht aus der Vernunft, sondern nur durch Tradition und Autorität und infolgedessen durch kasuistische Schulung zu erkennen.

Die Grundwahrheiten der Offenbarung und des Glaubens sind nur Geheimnislehren, welche sich zur Erprobung des Glaubensgehorsames eignen, nicht vor allem Weisheitslehren, wie die alexandrinische und thomistische Schule hervorhob. Die Theologie ist dem Skotismus daher positive Gesetzeslehre der kirchlichen Rechtgläubigkeit.

Der Wille hat zu seinem eigenen Gebiet das Zufällige und Nicht-Notwendige (contingens et evitabile); daher ist er höher als die Vernunft, weil diese das Notwendige zum Gegenstand und zugleich zur Fessel hat, während der Wille frei ist.

Berechtigt und notwendig war die durch Beobachtung veranlasste Lehre: die Erkenntnis sei nicht bloss ein Leiden und Aufnehmen, sondern selbstthätiges Wirken; der Verstand bestimme und durchdringe bereits die Sinnesempfindung und mache sie damit zur vernünftigen Wahrnehmung und Beobachtung; das Gedächtnis bewahre die Vorstellungsbilder, aber verändere sie auch; die Zustimmung des Urteils sei auf den Willen zurückzuführen. — Wie der Skotismus damit zur vorsichtigen Kritik und Selbstprüfung der Erkenntnisthätigkeit veranlasste, so öffnete er durch die ersteren Hinweise den Blick für die umgebende Wirklichkeit; die Sinnlichkeit hörte auf, die Scheidewand zwischen Wirklichkeit und Vernunft zu sein: die sinnliche Beobachtung wurde als geistigdurchleuchtete und geleitete Wahrnehmung wertvoll. Damit war der Grund für den modernen Wissenschaftsbetrieb und die unmittelbare Erforschung der Wirklichkeit gelegt.

Nicht minder war es eine Anbahnung zur schärferen Unterscheidung des körperlichen und geistigen Wesens, wenn der Skotismus lehrte, alle Geschöpfe, auch die Engel, seien aus Materie und Form zusammengesetzt. Es war damit gesagt, die Materie im Sinne der Potenz oder Bestimmbarkeit sei nicht gleichzusetzen mit Stoff. Andrerseits sei das Wesen des Geistes durch die Immaterialität nicht genügend bezeichnet; die Form wird noch nicht zum Geiste, wenn sie nur von der Materie frei bleibt, wie Thomas bei der Lehre von der Eucharistie im Hinblick auf die Form des Brotes und Weines meint: Si (sc. forma substantialis panis et vini) remaneret a materia separata, jam esset forma intelligibilis actu et etiam intelligens; nam omnes formae a materia separatae sunt tales. Summa th. 3, 75, 6, c.

Der Molinismus (der Jesuitenschule) entnahm seine Grundgedanken zwar thatsächlich sowohl aus der thomistischen wie aus der skotistischen Richtung: allein gleichwohl vermochte er es nicht, die angedeuteten Einseitigkeiten und Mängel des skotistischen Willensprinzips zu überwinden: denn er versuchte die Erneuerung des Thomismus dermassen, dass er im Interesse der Willensfreiheit dessen allzu schroff erscheinende Konsequenzen durch skotistische Gedanken mässigte. Die Aufgabe liegt vielmehr darin, dass man den Thomismus **im Prinzip** durch die gebührende Hervorhebung der Bedeutung des Willens für das Geistesleben ergänzt und so beide Richtungen von ihren Einseitigkeiten befreit. Der Molinismus konnte auch um dessentwillen keine endgültige Erneuerung der mittelalterlichen Philosophie erzielen, weil er vorwiegend diejenigen Stellen von Thomas als massgebend für seine Behandlung der grossen Probleme der Theodicee erachtete und verwertete, in denen Thomas mehr unter dem Einfluss der instinktiv-populären Denkweise spricht, als in voller Erwägung der Grundsätze und ihrer Forderungen.

Dieser stärkeren Würdigung der Willensfreiheit hat der Molinismus unzweifelhaft einen grossen Teil seines theologischen Erfolges zu verdanken. Jedenfalls aber auch dem Umstand, dass das Weltbild in seiner geschichtlichen Entfaltung dem tragischen Bedürfnis des menschlichen Gemütes besser zu entsprechen schien. Wenn die verborgenen Ursprünge und Gründe der menschlichen Lebens- und Schicksalsrichtung in unserem eigenen vorzeitlichen und vorweltlichen Verhalten liegen, wenn sie unserem Charakterbild immanent sind, dann gewinnt eben das Ganze einen ausserordentlich tragischen und geheimnisvollen Charakter.

Allein man darf nicht übersehen, dass dies nur deshalb der Fall ist, weil man dafür auf volle Verständlichkeit und Lösung der Schicksalsfragen verzichtet. Der Monotheismus, der Welt und Geschichte als ein Werk des überlegtesten Gedankens und des heiligsten Ratschlusses — mit Ablehnung aller unberechenbaren Einflüsse oder Notwendigkeiten — erklärt, kann wohl den Schein erregen, der Schicksalsausgang habe zu wenig tragischen Reiz; alles erscheint berechnet, und deshalb verständlich, alles befriedigend gelöst und vollkommen gerechtfertigt. Wenn Gott aller Dinge letzter Grund ist, so ist er auch aller Rätsel Lösung und aller Gegensätze Überwindung. Darf nun das religionsphilosophische Denken um des tragischen Interesses willen auf die reine Fassung und folgestrenge Durchführung des monotheistischen Grundgedankens verzichten? Verständlichkeit nach Grund und Zweck ist eben trotz alledem unvergleichlich mehr wert, als alle tragischen Gegensätze und Widersprüche: jedenfalls dürfen sie nicht um die endgültige Preisgabe von Vernunft und Heiligkeit im göttlichen Weltplan erkauft werden.

Übrigens findet das tragische Interesse seine volle Befriedigung auch bei strengster Durchführung der Allursächlichkeit Gottes: denn die Zeiten der Entwickelung sind lang genug, die Richtungen der Weltentwickelung sind verschlungen genug, um tragische Spannungen und Konflikte im furchtbarsten Masse aufzunehmen. Der tragische Reiz findet in der Entwickelung und in der Erinnerung seine hinreichende Befriedigung: als ständig empfundenes Schauspiel, als unvergänglicher Zustand und als unvergängliche Stimmung würde er ganz unerträglich, wenigstens für sittliche Charaktere. Das Tragische ist nur zeitlich berechtigt und nur als zeitlicher Genuss psychologisch möglich. Sonst müsste man freilich zugestehen, dass Polytheismus, Dualismus und Pantheismus ein ästhetisch und tragisch interessanteres Weltbild bieten, als der Monotheismus. Nur die Gerechtigkeit ist Prinzip, nicht das Tragische.

Das Weltendrama wird nicht zum künstlichen Spiel noch zur Komödie, wenn Gott, Vernunft und Güte darin zum gebührenden Triumph gelangen: es bleibt ernst genug, wenn auch der Zweck allen Ernstes erreicht wird, vielfach erst nach den schwierigsten Kämpfen und durch die furchtbarsten Verwickelungen hindurch.

Die Neuscholastik stellt den Thomismus in einer ähnlichen Weise dar: gemässigt und in seiner charakteristischen Eigenart herabgestimmt durch die Zuthaten aus anderen scholastischen Richtungen, sowie durch einfache Einfügung moderner Forschungsergebnisse, oder durch Festhalten wichtiger philosophischer Lehrsätze bei Preisgabe ihrer unhaltbar gewordenen Begründung, wie z. B. für das Dasein und die kosmologische Bedeutung der Geister. Gerade das Charakteristische und Wertvollste des Thomismus tritt bei dieser Zurechtlegung desselben zu einer Art Normalphilosophie zurück: die eigentümliche, sowohl aristotelisch wie platonisch-augustinisch wie plotinisch-dionysisch bestimmte Art und Weise, die Wirklichkeit aufzufassen und die grossen Probleme der Daseinserklärung denkend in Angriff zu nehmen.

Es geschieht dies um so leichter, weil in weiten Kreisen und auch bei einer gewissen Auffassung des Hochschulwesens die Ansicht herrscht, die philosophischen Systeme hätten ihren Wert nur durch die richtigen Sätze, welche sie lehren, nicht noch mehr durch die ganze Inangriffnahme der grossen Welträtsel, und durch die Richtung, in welche sie das Denken und Forschen lenken. Gerade durch die neue Fragestellung ist manches System höchst wertvoll, wenn auch seine eigene Beantwortung der Fragen unrichtig ist. Manche excentrische Philosophie hat grosse Verdienste durch die Hervorhebung von Begriffen und Kräften, welche bei der Welt-Erklärung nicht entbehrlich sind, aber doch vorher dabei vernachlässigt wurden: z. B. Wille, Entwickelung. Hiernach ist jene Auffassung von der Geschichte der philosophischen und der religiösen Systeme zu beurteilen, welche darin nur einen Friedhof sieht, auf dessen Gräberreihen immer zu lesen sei: Hic jacet! — Das Leben findet immer und überall Leben und wertvolle Gedanken.

Die neuere apologetische Richtung in Frankreich wie in Deutschland, ja sogar auch in andern romanischen Ländern geht ihrerseits von einer ganz andern Auffassung der scholastischen wie der modernen Systeme aus: sie würdigt vor allem die eigentümliche Art, wie in jedem System die Probleme gestellt, die dargebotenen Lösungen beurteilt, die Anforderungen an eine wahrhaft hinreichende Lösung bestimmt werden. Massgebend waren und sind hierfür in Frankreich wie in Deutschland die Erfahrungen, welche man mit den seitherigen Methoden der Glaubensverteidigung gemacht hat. „Die Nahrung, welche unsere Väter nicht aufrecht hielt, wird uns Geschwächten noch weniger helfen. Die Heilmittel, welche für gesunde Körper nicht wirkten, werden für verzweifelte Kranke noch weniger wirken. Der Kampf ist heftiger als man glaubt. Gott findet, dass es nicht gut ist, nur auf alten Büchern zu schlafen. Es ist Trägheit, sich nur auf die alte Verteidigung zu berufen, statt selbst zu arbeiten ... Die Mauern der Stadt sind nicht ewig, selbst wenn Aristoteles deren Fundamente gebaut hat. Es genügt nicht, die Reliquien der Heiligen herumzutragen." So Jouvin in den Annalen für christliche Philosophie 1895 Avril p. 57 (nach Schanz, Neue apolog. Versuche p. 61).

Ollé Laprune berichtet über seine Unterredung mit Leo XIII. über die religionsphilosophische Aufgabe der Gegenwart: „Man hat geglaubt, die Encyclica Leo XIII. (für die Wiederbelebung der thomistischen Philosophie) bereite eine neue Unterjochung vor. Aber man lese sie ganz. Sie will, dass man in dieser Zeit wieder thue, was der hl. Thomas in der seinigen gethan hat; sie will nicht, dass man ihn rein und einfach wiederhole, ihn kopiere, abkürze oder überlade, dass man ihn auf leicht zu behaltende, aber todte Formen reduziere und ein thomistisches Nachplappern das andere ablöse, sondern dass man ihn gründlich studiere, sich mit seinem Marke nähre und mit seinen Prinzipien durchdringe, und dass man dann versuche, mit Hülfe unserer Wissenschaften, welche zu seiner Zeit nicht existierten, eine neue Encyklopädie, eine christliche Philosophie zu schaffen, in welcher sich Vernunft und Glauben in einer lichtvollen und kräftigen Synthese vereinigt finden." l. c. p. 60.

Blondel lehnt infolgedessen die Anschauung ab, welche in den Wandlungen der menschlichen Perspektiven durch Jahrhunderte hindurch nur Abweichungen, falsche Aufstellungen, Krankheiten der Vernunft sieht. Wer ausserhalb des grossen Stromes der Gedanken stehen bleibe, scheide aus dem fruchtbaren Leben aus. Wer der Entwickelung der Menschheit folge, überall das Wahre und Gute herauszufinden und daran anzuknüpfen wisse, der finde die Quelle der geistigen Fruchtbarkeit ... Die Bedeutung der Lehren, welche die Geschichte der Ideen seit der Renaissance erfüllt haben, könne man nicht übertreiben. „Hoffe man nicht mehr, davon abstrahieren zu können. Man kann nicht verhindern, dass sie das Leben und die Fruchtbarkeit in sich haben. Auch soll man nicht nur halb dem modernen Gedanken Rechnung tragen; man muss ihn bis zum Ende zu führen sich bestreben." Der Nutzen für die Philosophie und das Christentum sei gleich gross. l. c. p. 56, 57.

Unsere Sympathien für das kräftige Aufstreben der französischen Religionsphilosophie und Apologetenschule sind nicht minder gross, wenn man dabei die spiritualistische Bewegung, welche von Gratry ausging, als eigentlich französisch empfiehlt. Denn durch die charakteristische Eigenart jeder Nation in der denkenden Erfassung und Behandlung der Probleme kann die wechselseitige Befruchtung und das Interesse der Wahrheit nur gewinnen. Die Pflege des nationalen Geistes in Wissenschaft und Religion hat mit Nationalwissenschaft und Nationalreligion nichts gemein; je kraftvoller und charakteristischer sich die Persönlichkeiten und die Nationen im Dienste der Wahrheit entfalten, desto mehr gewinnt die internationale Wahrheit und Geistesgemeinschaft. Die Sache ist international, die Vertreter der Sache sind individuell und national. Die Wahrheit macht nicht gleichförmig, indem sie einig macht.

Im Verlauf der neuzeitlichen Entwickelung der Philosophie ist insbesondere durch Kant, Schopenhauer, Ed. v. Hartmann, in anderer Weise und Form durch Wundt die wesentliche Bedeutung des Willens für das Seelenleben wie als Erklärungsprinzip der Wirklichkeit wirksam zur Geltung gebracht worden. Euckens Forderung, durch die sittlich-religiöse Thatkraft einen geistigen Lebensinhalt und eine geistige Wesenserhöhung zu gewinnen, steht unter demselben Prinzip der Wesensbildung durch den Willen.

Auch hier ist es der Vorzug der Aktualität, der Produktivität, der fruchtbaren Entwickelung und der inneren Wechselbeziehung zwischen dem Willen und dem von ihm selber gesetzten und zu erfüllenden Zweck, worin die eigentliche Geistigkeit und Wesenheit des Willens gefunden wird. Kant hat die Autonomie des Willens gefordert, aus einem ähnlichen Grunde wie bei der Erkenntnis: von theistischem Standpunkte ist eine solche Autonomie indes nicht annehmbar, auch zur Ermöglichung wahrer Sittlichkeit nicht erfordert, von der Erfahrung, derzufolge wir die sittliche Ordnung in uns vorfinden, nicht im geringsten bestätigt. Wohl aber schliesst die kantische Forderung ein berechtigtes Element in sich ein: die Sittlichkeit habe ihr hauptsächliches Wesen nicht nur darin, dass das Gute vom Willen bereitwillig aufgenommen, bestätigt und vollbracht wird, sondern ebenso, wenn nicht noch mehr darin, dass er die sittlichen Forderungen und Aufgaben in fortschreitender Würdigung erforschen, nachzuweisen und zur Geltung zu bringen trachtet. Die Gesamtheit dessen, was als sittliche Aufgabe der Menschheit obliegt, steht nicht fertig ausgesprochen vor dem Bewusstsein, um seitens des Willens nur entgegengenommen und vollbracht zu werden: dieselbe muss vielmehr durch die fortschreitende Arbeit aus der sich stets anders gestaltenden Wirklichkeit herausgearbeitet werden. In diesem Sinn ist eine relative Autonomie des Willens als thatkräftige Produktivität wohl annehmbar.

Herausarbeitung der Aufgaben, Setzung der Zwecke und dann deren Durchführung ist sittlicher Wille, ist sittlicher Geist.

Auch die Abgeschlossenheit der göttlichen Offenbarung steht damit nicht im Gegensatz. Denn sie ist geradeso wie die natürliche Wirklichkeit eine unversiegliche Quelle von sittlichen Aufgaben, die sich für die verschiedenen Zeiten und Völker anders und anders gestalten, aber auf die Entdeckung und Feststellung durch die pflichtbewusste Arbeit des religiösen Sinnes harren! Unter dem Zusammenwirken der religiösen Ideale von oben, und der sich stets umgestaltenden Verhältnisse von unten ergeben sich stets neue Pflichten, deren Erforschung und Entdeckung dem sittlichen Geiste nicht minder obliegt, wie deren Erfüllung.

Erst durch dieses Herausarbeiten der Erkenntnis wie der sittlichen Verpflichtung aus der gegebenen Wirklichkeit, wenn auch unter dem Sonnenschein der grossen Ideale, wird zugleich innerliches Verständnis und lebendige Geisteskraft erzeugt.

Die göttliche Offenbarung nimmt den sittlichen Geist für das messianische Reich einer allgemein und vollkommen zu verwirklichenden Gerechtigkeit und Wohlfahrt, einsichtiger Erkenntnis und ungehemmter Freiheit in Anspruch.

Die einzelnen Probleme dieser gewaltigen Aufgabe sind für die sich stets umgestaltenden Kulturverhältnisse der Nationen aus den grossen Grundsätzen und Endzielen der Offenbarung, aus den hohen Grundgedanken Christi und seiner Stiftung herauszulesen und auszulegen: dann erst ist die praktische Vollbringung möglich.

In dieser Weise eint sich auf theistischer Grundlage die richtig verstandene Autonomie und Heteronomie des sittlichen Willens!

Entdeckung und Setzung der Zwecke und stetes Wachstum der sittlichen Ordnung durch freie Produktivität!

IV.

Aktualität, lebendige Thätigkeitskraft — im Unterschied von der ruhenden Substantialität ist hinsichtlich der Wesensbestimmung des Geistes die Forderung der gegenwärtigen Philosophie: und zwar in metaphysischer Hinsicht, um die massive Vorstellung einer Unterlage des Innenlebens beim Geiste fernzuhalten; sodann in noetischer Hinsicht, um die Erkenntnis mehr als produktive Ideenbildung und Gedankenerzeugung, denn als passive Wiederspiegelung der Wirklichkeit zu verstehen, als ein Herausarbeiten der Wahrheit aus der Fülle der Thatsachen, als ein Nachbilden der Dinge; in ethischer Hinsicht durch ebenbürtige Würdigung des Willens als der Vollzugskraft des Wahren und Guten, aber auch durch die Betonung, dass der Wille nicht in der Entgegennahme fertiger Forderungen **aufgehe**, sondern zur fruchtbaren Anwendung der sittlichen Ideale bis in ihre letzten und mannigfaltigsten Konsequenzen in dem unberechenbaren Wechsel der Verhältnisse berufen sei.

Dieses Ideal reiner Aktualität hinsichtlich des Seins, des Erkennens und Wollens, diese Überzeugung, dass die lebendige Einheit und

Wechseldurchdringung von Denken und Wollen die eigentlichste Wesensvollkommenheit des Geistes bilde, diese Einsicht, dass lebendige Wechselbeziehung und innere Hervorbringung den eigentlichen Vorzug des Geistes und darum auch des höchsten und ewigen Geisteslebens bilde, ist nirgends früher, reiner und bestimmter zum Ausdruck gebracht worden, als in dem biblisch-christlichen Gottesbegriff von der Dreieinigkeit.

Durch diese erhabene Idee eilte die Offenbarung dem wissenschaftlichen Denken in mehrfacher Hinsicht voraus: allerdings auch mit der sehr wertvollen und beachtenswerten Forderung, dass das Geistig-Innerliche, wie die Dreieinigkeit selber, dass das Geistesleben überhaupt, als Grundcharakter die Wechseldurchdringung aufweist, und darum **nicht** nach den Kategorien des Äusserlichen und Räumlichen, das im Nebeneinander der Teile besteht, beurteilt werden darf.

Wenn aber Wechseldurchdringung, Relativität und Produktivität der Grundcharakter des Geistes ist, der Denken und Wollen, Vorstellung und Gefühl nicht nebeneinander aufweist, sondern ineinander, dann fallen auch alle bekannten Bedenken gegen die Dreieinigkeit, indem dieselben nur unberechtigte Anwendungen der Kategorien des räumlichen Nebeneinander sind, die unser eigenes Seelenleben ebensowenig erträgt.

Die trinitarische Ausgestaltung des Gottesbegriffs ist zwar in der bestimmten überweltlichen und persönlichen Fassung der Dreieinigkeit ein wesentlicher Bestandteil der christlichen Offenbarung und von durchaus übernatürlichem Charakter, in vollem Sinn ein Geheimnis des christlichen Glaubens: aber dessen ungeachtet kann anerkannt werden, dass eine dreifache Auffassung der Gottheit vom Uranfang des menschlichen Denkens an als ein Bedürfnis der menschlichen Vernunft empfunden wurde, als etwas, was für den Zweck des Denkens wertvoll erschien. Diese Neigung findet sich in allen bedeutenden Religionen, ist also nicht zufällig; sowohl bei den arischen wie semitischen Religionen, ist also in dem allgemeinen Vernunftbedürfnis gelegen.

Die Grundrichtung unseres Denkens, insofern es eine hinreichende Erklärung der Wirklichkeit sucht, ist nämlich dreifach, wie dies schon die herkömmliche Bestimmung der Wege beweist, welche zur Gotteserkenntnis führen: via negationis, causalitatis, eminentiae: der Weg der Verneinung aller Mängel, der Zurückführung auf eine hervorbringende und überragende also einheitliche Ursache.

Der hinreichende Erklärungsgrund kann nur im Vollkommenen, im Einheitlichen und im Inneren liegen. Was die Vernunft braucht, um die Weltthatsache verständlich zu machen, das ist vor allem die Idee der Vollkommenheit, der höchsten und unendlichen Vollkommenheit. Dieses Ideal wird durch Abstreifung aller Mängel, die dem Wirklichen anhaften, gewonnen; denn nur das Vollkommene kann Ursache und insbesondere die höchste Ursache sein, welche die Dinge verständlich machen soll. Der Hervorgang des Grösseren vom Geringeren hat den Charakter eines unheimlichen Zaubers und ist nicht vernünftig.

Die Vielheit kann nicht das Ursprüngliche sein, sondern nur die Einheit; also ist die thatsächliche Vielheit aus einer urthatsächlichen Einheit abzuleiten, aber nicht nach Art der Verwesung durch Zerfall der Einheit und noch weniger durch deren Zerstörung, die wie alle Verwesung nur durch äussere Ursachen eintreten könnte, überhaupt nicht durch eine Veränderung, welche die Folge eines Leidens ist, und demnach andere Einwirkungen als bestehend voraussetzt. Die Vielheit ist nur mittelst einer Thätigkeit verständlicherweise aus der Einheit abzuleiten: und zwar mittelst einer Thätigkeit, welche nur von der Selbstbestimmung des Einen abhängt. Eine solche Thätigkeit, welche die Vielheit der Wesen erklärt, ist die erfinderische oder denkende Gestaltung der Gattungen und Einzeldinge, Entwickelungsformen und Lebensläufe. Die Einheit ist Ursache, und zwar die thätige, gestaltende, erfinderische Einheit, welche als schöpferischer Gedanke über der Vielheit der gestalteten Dinge erhaben ist. Die denkende Gestaltung ist der einzige Weg, der von der urthatsächlichen Einheit zur thatsächlichen Vielheit führt — mit der Verständlichkeit einer wahrhaft hinreichenden Ursache.

Bei der Gestaltung und Ableitung des Vielen aus dem Einen ist die Vorstellung einer äussern, mechanischen Ursächlichkeit nicht notwendig, aber auch nicht ausdrücklich überwunden. Die dritte Forderung des Denkens lautet in dieser Hinsicht, dass die wirklich hinreichende, tiefste Ursache nicht (mechanisch) von aussen her wirke — etwa durch Stoss, Druck oder sonstige Bewegung, sondern von innen erregend, belebend, befruchtend.

Die Idee einer von innen erregenden, befruchtenden, belebenden und bestimmenden Kraft hebt jene Ursache, welche der Vernunftforderung nach einem hinreichenden Erklärungsgrunde entspricht, weit über die Gesamtheit der mechanischen Ursachen hinaus und ebenso über jene empirische Ursächlichkeit, welche in der gesetzmässigen Aufeinanderfolge der Erscheinungen aufgeht. Die von innen wirkende Ursache ist auch geeignet, die Fortentwickelung zu höherer Zielvollendung verständlich zu machen. Die von innen wirkende Ursache ist naturgemäss nach Art des Willens zu denken; denn der Wille ist deren vollkommenstes Beispiel.

Die Gefahr, an eine äussere Aufeinanderfolge und Bewegung zu denken, ist bereits überwunden, wenn man das Denken und die denkende Gestaltung als die Art und Weise betrachtet, wie das Viele aus der ursprünglichen Einheit hervorgeht; denn die denkende Gestaltung tritt nicht von aussen an die Dinge heran, und setzt kein Material voraus: sie ist eben keine mechanische Ursächlichkeit, die im gesetzmässigen Nacheinander besteht, sondern ein erklärendes Hervorbringen.

Die Würdigung dieser drei Grundrichtungen, in denen das Denken den hinreichenden Erklärungsgrund für die Weltthatsache sucht, kann natürlich nicht in den breiten Schichten der religiösen Menschheit erwartet werden, sondern nur dort, wo das Bedürfnis einer hinreichenden Welterklärung mit voller Kraft empfunden und wo demgemäss die Pflege der religions-philosophischen Erkenntnis als gottesdienstliche Pflicht betrieben wird.

Die Volksmassen werden in der Religion sich immer vorwiegend denjenigen Formen zuwenden, welche für die Befriedigung der einzelnen praktischen Bedürfnisse des Lebens geeignet erscheinen — in materieller wie sittlicher Hinsicht, sowie zu günstiger Schicksalsgestaltung. Das Nächstliegende im Sinne dessen, was im Interessengebiet der Selbstsucht, auch der nationalen, politischen und sozialen Selbstsucht liegt, kommt für die grossen Massen zunächst in Betracht und führt dazu, dass die Kultusgottheiten und Verehrungswesen, mit denen man sich zumeist eifrig beschäftigt, sich nicht mit den grossen Gottheiten decken, welche als Erklärungsgrund für die Weltwirklichkeit dienen. Denn die Beschaffenheit der religiösen Ideale und Idole richtet sich nach der Natur und Beschaffenheit der Bedürfnisse, welche als Anliegen empfunden werden und auf religiösem Weg ihre Befriedigung finden sollen.

So erklärt es sich, dass fast alle tieferen religions-philosophischen Spekulationen Anklänge an die Dreieinigkeit aufweisen, aber auch, dass diese Ideen auf die engeren Theologenkreise und auf esoterische Geheimschulen beschränkt bleiben, hingegen im populären Kultus zurücktreten.

Die dreifache Fassung des Urwesens tritt in der Konfutsianischen Reichsreligion Chinas zu Tag, indem als die drei Urgründe genannt werden Yang, Yn und Jin, Himmel, Erde und Mensch; oder Vernunft, Masse und Persönlichkeit; oder Gesetz, Stoff und Seele (Khi, als Verbindung beider). Laotse unterscheidet in dem Urwesen Taó oder Vernunft den namenlosen Urgrund, das Bild und die Fülle des Namenlosen, sowie den ausströmenden Geist (Ly.).

Die ägyptische Priesterweisheit fand das Geheimnis des Urwesens darin, dass es die Einheit, die Fülle und das Leben ist, während die empirische Welt und das begriffliche Denken auf Vielheit, Teilung im Nebeneinander und mechanische Ursächlichkeit oder äussere und zeitliche Folge abzielen. Amun, Ra, Phthah oder auch Thot (Urgrund, Urbild, Urkraft) bedeuten das Urwesen als „Geist der Geister, als Bild der Bilder, als Kraft der Kräfte". Eine zweite Trias ist durch den monistischen

Naturalismus bedingt: Erzeuger, Gebärerin und Erzeugter unter wechselnden Namen, besonders Usiri, Isis-Neith, Har.

An der Spitze der chaldäischen Theologie steht die Trias von Anu, dem Himmelsherrn, Bel oder Ilu, dem Gott der strengen Naturgesetzlichkeit und starren Notwendigkeit, Hea, dem Geist der Tiefe und Weisheit, der wohlthätigen Gnade, der sittlichen Ordnung.

Die vedische Religion zeigt zuerst den Gottesbegriff von Vater Dyaus (Himmelsgott) oder Vater Asura und Prithivi (Mutter Erde); später den Götterkreis des Himmelskönigs Varuna, mit Mitra, dem Sonnengott, wozu häufig Aryaman und die andern (vier) Asura's oder Adityas (Söhne der Unendlichkeit) hinzugenommen werden.

In der nationalen Mythologie des indischen Polytheismus steht die Trias von Indra, Agni und Soma (Gewittergott, Blitzfeuer und Lebenswasser) im Vordergrund des religiösen Bewusstseins.

Die brahmanische Theologie findet als innersten Weltgrund das Brahma, die Triebkraft alles Werdens und Vergehens, Wissens und Geniessens, und als tiefsten Grund im innern Seelenwesen den Atman, das überpersönliche Ich in allem, was denkt und will. Içvara ist der als Weltbildner gedachte Weltgrund. In Brahma sind die Schöpferkräfte, die Samenkräfte der Dinge und die Einzelseelen beschlossen. Die Welt wird bald als reale, bald als nur phänomenale Entfaltung des Brahma gefasst.

Um gegen den Buddhismus mehr Widerstandskraft zu gewinnen, nahm der Brahmanismus zu seinem Gottesbegriff des Brahma oder innern Weltgrundes das Göttersystem des Vischnuismus sowie des Shiwaismus in sich auf, und arbeitete das System der Trimurti heraus, indem Vishnu die menschen- und kulturfreundliche Gottheit bedeutet, welche durch das reine Somaopfer geehrt wird und die Welt in vielen Inkarnationen als Heiland heimsucht; Shiwa hingegen ist die Naturgottheit voll Wollust der Lebenserzeugung und voll Grausamkeit der Todesmacht: die unerbittliche Naturmacht, welcher der persönliche und sittliche Geist unterliegt. Dieser satanisch-fatalistischen Naturgottheit entsprechen grausame Menschenopfer: ihr Kultus ist die Todesherrschaft, die Preisgabe von Sittlichkeit und Leben.

Während beim Theismus die Welt als das bewusste und freie Gedankenwerk der gestaltenden Weisheit erklärt wird, ist es im Pantheismus immer eine naturhafte Phantasie, ein traumhafter Drang, aus der Ureinheit Brahmas in die Mannigfaltigkeit der endlichen Wesensfülle mit Zeugung und Tod überzugehen: die Maja, der traumhafte Vorstellungsdrang ist die Macht, die das Urwesen in die Welt auseinandergehen lässt. Auf eine ähnliche Vorstellung scheint die Götterschuld hinzuweisen, welche nach der germanischen Auffassung diese Welt dem Untergang entgegentreibt: das Streben nach Endlichem, das mit Selbstsucht und Gewalt erfüllt wird. Im Reich des Allvaters, „des Starken von Oben" herrscht keine Selbstsucht mehr: dann herrscht der ewige Weltfrühling des heiligen Gesetzes, des reinen Idealismus (Baldur).

Wie die germanische ist die iranische Religion durchdrungen von der Verpflichtung, mit der heiligen Gottheit für Licht, Wahrheit, Reinheit und Recht zu kämpfen, und zwar durch fortschreitende Kulturarbeit. In Ahura-mazda, der ewigen Weisheit ist der Inbegriff der Wahrheit, Heiligkeit und Macht für die altpersische Religion Zarathustra's ausgeprägt: der tiefste Urgrund der Gottheit ist Zervana-Akarana, die ungewordene Zeit oder die Ewigkeit, welche durch das Schöpfungswort Ahuna-Vairya (Honover) wirksam ist. Honover ist das Wort der Schöpfung und Offenbarung, wie Ahura-Mazda der ursächliche und beherrschende Schöpferwille. Dem entsprechen die drei persischen Ideale des Lebens, der Wahrheit und Heiligkeit, gefordert durch Fortpflanzung eines gottesfürchtigen Geschlechts, durch Thatkraft und Reinheit. Eine ähnliche Trinität wird in der vedischen Idee des Dyaus, seines Schöpfer- und Offenbarungswortes Vâk (vox), und des schöpferischen Hauches Prâna gefunden. Im allgemeinen trat im arischen Denken der Wille als Ursache der Wirklichkeit hinter dem blinden Schicksal zurück, das mit Unrecht Fatum genannt wurde, ohne ein Fatum d. i. der freie und bewusste, darum weise und heilige Schicksalsspruch eines schöpferischen Geistes zu sein. Doch beweist dieser Ausdruck, dass nur die thatkräftige Persönlichkeit des selbstwirklichen Geisteslebens als Ur-Erstes gedacht werden kann: alles andere ist nur als Moment in ihr verständlich.

Die griechische Religionsphilosophie zeigt zunächst den Unterschied eines logisch-apollinischen Gottesbegriffs gegenüber dem psychisch-dämonischen Gottesbegriff. Anders ist der denkende Geist zum Erklärungsgrund geeignet, anders die belebende Seele und ihr dunkler Werdedrang und Gestaltungstrieb — voll Wollust und Begierde Diese psychisch-dämonische Welterklärung ist der Grundgedanke im samothrakischen Mysterienkult, dessen Mittelpunkt Dionysos ist, oder vielmehr Zeus-Dionysos-Pan, die Weltseele, die Wollust und Streit (Aphrodite und Ares), Leben und Tod, Phanes und Eros ist, die vom Becher der Sinnlichkeit, wie von der Maja, berauscht, in diese Weltlichkeit und zugleich in Schuld und Zerrissenheit versinkt, um dann wieder Sühnung und Erlösung zu suchen. Die Unsterblichkeit, deren Sinnbild das Samenkorn ist, tritt bei diesem starken Kultus des Lebenstriebes als Endzweck hervor. Brot und Wein sind die bedeutungsvolle Gabe der chthonischen Götter. Vergl. Willmann, Geschichte des Idealismus. I. II.

Der logisch-intellektuelle Gottesbegriff ist der Grundgedanke des delphischen und delischen Mysterienkultes und des olympischen Götterkreises, wenigstens der bedeutungsvollen Göttertrias von Zeus, (Juppiter), Athene, (Minerva), Apollon, welch letzterer das in die Welt herabsteigende Leben wird, und sich im Kampf mit den Gewalten des Chaos befleckt und verschuldet, aber auch büsst, sühnt und erlöst.

In dem römischen Begriff des Juppiter optimus maximus begegnet uns die Idee des uralten vedischen Himmelsvaters wieder, des Dyans pitar. Es ist ein hoher Vorzug, dass die sittliche Vollkommenheit des Optimus gegenüber der physischen Machtvollkommenheit des Maximus in dem altrömischen Juppiterbegriff überwog.

Die Weltursache wird in der römischen Religion ergänzt, indem zu Juppiter die Minerva capita als Weisheit und Kunst, Zahl, Musik, sowie Mars als Lebenstrieb (Venus, Fortuna als Schicksalsmacht) hinzugefügt waren. — Juppiter ist auch eine Art immanente Weltgottheit oder Weltseele; dann ist der höhere Gottesbegriff durch die Erinnerung an Summanus und an Saturnus (den Ursprung der Samenkräfte und Vater der Wahrheit) gewahrt. Janus ist der grosse Genius oder beseelende Dämon der Welt, als Janus Initiator die ursprüngliche Quellkraft aller thätigen Anfänge.

In der platonischen Religionsphilosophie tritt die dreifache Ursächlichkeit des Göttlichen deutlich hervor. Plato erkannte als Urgrund vor allem das Gute oder das Eine, $Ζεύς\ ὕπατος$ (von dem das Wirkliche nur eine teilweise Ähnlichkeit aufweise); in zweiter Linie die Gedankenwelt, das Urbild aller Dinge, das vollkommenste Lebewesen, den $θεὸς\ νοητός$; endlich drittens die Weltseele, die Verbindung von Idee und Stoff, von Gedankenbild und Bewegung, den $Ζεύς\ νέατος$. Die Weltseele Platons hat eine gewisse Analogie mit dem hl. Geiste, dem Gott der belebenden Allgegenwart und einwohnenden Wirksamkeit; allein diese Ähnlichkeit ist nur unvollkommen, weil die platonische Weltseele nicht durch den Willen, sondern durch die Mischung mit dem ungewordenen Stoff, dessen Inbegriff von Empfänglichkeit und vernunftloser, widerstrebender Naturnotwendigkeit zum Grund der erfahrungsmässigen Wirklichkeit und des Sonderdaseins wird.

In der aristotelischen Welterklärung begegnen uns als letzte Urthatsachen der Zweck, der Wille und der Stoff; der Gedanke als Zweck, der Geist als Begehren darnach, und die Materie. Als höchste Thatsache und darum als Zweck von allem gilt Aristoteles der göttliche Selbstgedanke, der in beziehungsloser Erhabenheit über allem nur bei sich selber ist, und die Welt nur als Zweck, als unbewegter Beweger beeinflusst. Der Geist oder die Welt der Geister, die Umgestaltung der platonischen Ideenwelt, eigentlich die Hypostasierung des Willens, wird nämlich von ihm als dem begehrenswerten Zweck zum Verlangen und zur Thätigkeit erregt, und bringt dadurch Bewegung, Gestaltung und Ordnung in die materielle Welt. Die Urthatsachen im aristotelischen System sind demnach der göttliche Selbstgedanke oder der unbewegte Beweger, der begehrende Wille in der Geisterwelt, und der von der Formenfülle gestaltete Urstoff. Es ist begreiflich, dass der Gottesbegriff des unbewegten Bewegers, der durch keine schöpferische Fürsorge und Vorsehung mit der Welt verbunden ist, dem ältesten Christentum sehr unsympathisch erscheinen musste, und dass die aristotelische Philosophie den Kirchenvätern als unchristlich galt.

Philo stellt die Gottheit dar als den Urvater des All, dessen biblischer Name Jahveh oder der Seiende ist; sodann als den Gott oder die schöpferische Macht des Vaters; endlich als den Herrn oder dessen königliche Gewalt.

So biete die „Gottheit dem Denken bald das Bild des Einen, bald von Dreien". De vita Abr. 1, 19. Der Seiende ist Weltschöpfer durch den Weltgedanken, die denkende Einheit und Gesamtheit aller Wesensbilder, den $λόγος\ ἐνδιάθετος$, und durch das Schöpfungswort, das als $λόγος\ προφορικός$ und $σπερματικός$ in der Welt wirkt. Vermöge dieser Immanenz des allwirksamen Schöpfungswortes ist die Welt der jüngere Sohn Gottes, während der Logos der ältere ist. — So verschmolz Philo in seiner Logoslehre die beiden Ideen der Weisheit als des Urbildes und Ratschlusses der Schöpfung, und des Geistes der Weisheit, als der erleuchtenden und belebenden Kraft, mit der die göttliche Gedankenwelt sich wirksam erweist, nicht bloss vorbildlich und gesetzgebend.

M. Müller hält die semitisch-biblische Weisheit nicht für den Logos, „sondern, wenn irgend etwas, weit eher (für) die Mutter des Logos, ein fast mythologisches Wesen. Wir wissen, wie der semitische Geist geneigt war, die thätigen Kundgebungen der Gottheit durch entsprechende weibliche Namen auszudrücken. Dies ist etwas ganz anderes, als wenn man die mit dem Verstand zu begreifende Welt (den $Κόσμος\ νοητός$) als den Logos, das Wort Gottes, das ganze Denken Gottes oder die Idee der Ideen darstellt." (Theosophie p. 400.) M. Müller hat Recht, wenn er als mythologische Personifikationen jene erklärt, bei denen thätige Eigenschaften oder Kundgebungen selbständig gemacht werden, wie bei der Weisheit, solange man sie mit ihm als eine Eigenschaft versteht. Wenn sie indes die denkend hervorgebrachte Weisheit der gedachten Wahrheit und Vollkommenheit ist, dann ist sie mit dem Logos identisch, und nimmt mit ihm teil an der selbständigen, innergöttlichen Persönlichkeit, welche dem hervorgehenden Erzeugnis des vollkommenen und ewigen Denkens ebenso zukommt, wie dem erzeugenden Gottesgedanken selber. Weisheit sind beide, und zwar dieselbe Weisheit; aber auch Logos sind beide, indem ja auch der Logos sowohl die hervorbringende Denkthat wie das hervorgehende Denkgebilde bezeichnet.

Wie wenig das (weibliche) Geschlecht bei den hebräischen Abstrakta dazu berechtigt, einen mythologischen Zug darin zu vermuten, sollte M. Müller aus der Bemühung entnehmen, mit welcher Philo die Vorzüge des Männlichen und Weiblichen in der Weisheit vereinigt.

Plotin stellte die drei Urvollkommenheiten, das Eine oder den Urgrund, das Denken und Wollen neben- und nacheinander, indem das Erzeugte immer geringer sein müsse. Der Gedanke ist ihm bereits ein Abfall von der vollkommenen Einheit, während er gerade die innerliche Einheit der gestaltenden Geistesthat ist, welche die Unterschiede erzeugt, um ihren Inhalt herzustellen und verständlich zu machen. Der Gedanke ist die innerlich erfasste, von der Einheit des Vorstellungsbildes umfangene und beherrschte Vielheit. Ohne beherrschende Einheit keine denkende Ausgestaltung und Unterscheidung: die Einheit im Gedanken ist inniger und fester als die Einheit des Punktes oder des bestimmungslosen reinen Seins.

Die Gegenüberstellung des Erkennenden und Erkannten ist freilich eine Wesensbestimmung des Geistes; allein keine Abschwächung der Einheit, sondern deren Fülle und Lebendigkeit, weil der Erkennende die erkannte Wahrheit umfasst, zusammenfasst und als seinen Lebensinhalt besitzt. Vollkommen ist diese Einheit allerdings erst dann, wenn anstatt des Erkennens, das auf ein Anderes und bereits Vorhandenes hinzielt, das Denken und zwar das sich selber gestaltende Denken gesetzt wird. So hat die höchste Einheit sich selber als Wahrheit und Zweck zum Inhalt ihres Denkens und Wollens. Bei Plotin ist sie die vom Geiste und der Seele erfasste Wahrheit und Güte, aber nicht selbst denkend und wollend.

So ist ihm der Wille, der in der belebenden Weltseele (Psyche, Osiris) wirksam erscheint, ein Abfall von der vollkommenen Selbständigkeit, weil er vom Zweck abhängig und darum auf Anderes angewiesen ist. Der Wille darf indes nicht neben den Urgrund als weitere Vollkommenheit gestellt werden, sondern ist als Selbstursächlichkeit die wesentliche Form des Urgrundes, der kraft eigenen Willens in ewiger Selbständigkeit besteht, und darum seinen Zweck in sich selber, in seiner ewigen Selbstverwirklichung hat. Weil Plotin die drei Vollkommenheiten nebeneinander stellte, wurde seine Trias emanatianisch und subordinatianisch.

Der Weg zur Unvollkommenheit wird freilich betreten und es ist mit Recht von Plotin als Seelensturz gefasst worden, wenn der Wille von Zeugungslust und Werdedrang ergriffen sich in Anderes verliert, anstatt alles zum Inhalt und Mittel der eigenen, innerlichen Vervollkommnung zu machen — unter steter Rückbeziehung auf sich selbst. — Gleichwohl bleibt dem Plotin das hohe Verdienst, die Innerlichkeit und deren Pflege als das höchste Geistesideal zur Geltung gebracht zu haben.

In Augustin ist dieser urchristliche Gedanke philosophisch für das Christentum verwertet worden.

Durch das Verständnis Gottes als des ewig thätigen vollkommenen Denk- und Willenslebens ist zugleich jener Schöpfungsbegriff sicher gestellt, der die Wirklichkeit aus dem gestaltenden Gedanken und dem setzenden Willen ableitet und so ihre Wesensbestimmtheit wie ihre Thatsächlichkeit erklärt: eine Welterklärung, von der Max Müller (Theosophie od. Psychol. Religion, Leipzig 1895, X.) am Ende seiner religionsphilosophischen Forschungen sagt, sie sei eine der einfachsten und richtigsten Schlussfolgerungen, zu denen der menschliche Geist gelangen kann. Schaffen heisst eben durch Denken und Wollen allein hervorbringen und infolge dessen das Geschöpf ohne Rückstand erklären: sowohl in seinem Wesen, wie in seinem Dasein, in ersterem durch das erfinderischgestaltende Denken, in letzterem durch das verwirklichende Wollen.

Der Anthropomorphismus einer von aussen herantretenden äusserlichen, mechanischen, handwerksmässigen Verursachung ist hiedurch vollständig ferngehalten und damit sind die Bedenken gegen den christlichen Schöpfungsbegriff entkräftet. Denken und Wollen sind die allein verursachenden Thätigkeiten, weil sie die allein von innen hervorbringenden und hinreichend erklärenden sind.

Die nähere Bestimmung des persönlichen Gottesbegriffs bewegt sich zwischen zwei Extremen. Das rationalistische Extrem fasst Gott nur als den Urheber einer starren Naturgesetzlichkeit und läugnet auf Grund dessen die Möglichkeit des Übernatürlichen. Das irrationale Extrem fasst Gott als unbeschränkte Willkürmacht, welche, an kein Gesetz gebunden, sich eigentlichst dadurch offenbart, dass sie die Gesetze häufig durchbricht. Diese Auffassung begünstigt den Aberglauben. — Hieraus ergiebt sich die weittragende Bedeutung der Art und Weise, wie der Gottesbegriff theologisch näher bestimmt wird. In der Mitte zwischen den beiden genannten Extremen steht der Gottesbegriff der schöpferischen

Weisheit, deren freie Offenbarung die natürliche wie die übernatürliche Ordnung ist. Dieser Gottesbegriff entzieht allem Aberglauben die Grundlage.

Der dreieinige Gottesbegriff und der absolute Schöpfungsbegriff hängen demnach innerlich zusammen und haben folgende Sätze zur gemeinsamen Grundlage:

Der Geist ist innerlich thätiges Leben und Hervorbringen.

Die Welt oder die Gesamtheit des Endlichen ist nicht der wesentliche Inhalt der göttlichen Lebensthat.

Die göttliche Lebensthat hat zu ihrem Wesensinhalt und Gegenstand sich selber oder die Verwirklichung der unendlichen Vollkommenheit in einem ewigen Geistesleben.

Der Hervorgang der göttlichen Personen hat zum gemeinsamen Zweck das eine ewige und ungeteilte göttliche Geistesleben; kraft freier Selbstbestimmung ist auch die Verwirklichung der Welt des Endlichen in dem Zweck der göttlichen Denk- und Willensthat enthalten. Daher sind die drei Personen im Wesen und Wirken eine vollkommene Einheit, und zwar nicht, obgleich sie von einander verschieden sind, sondern weil sie im lebendigen Gegensatz der thätigen Wechselbeziehung zueinander stehen. Die Einheit des Geisteslebens und Geisteswesens wird durch den Personengegensatz nicht beeinträchtigt, sondern zu vollkommener Wechseldurchdringung gesteigert, indem Denken und Wollen nur als ein innerliches Hervorbringen und Gegenüberstellen zu bethätigen sind.

Die Geschichte des Geistes ist darum eine Apologie des christlichen Gottes- und Schöpfungsbegriffs: was allerdings um so weniger auffallend ist, als am Anfang der Offenbarungsschriften das grosse Gesetz des Geistes, das Gesetz unaufhörlichen Wachstums, wie Wundt es nennt, sowohl in der Richtung des Wissens wie der fortschreitenden Herrschaft über die eigene und die äussere Natur zum klassischen Ausdruck gebracht ist: Fiat lux! Gen. 1, 3. 26 28.

Es werde Licht!

Dieses Wort ist der lebendige Inbegriff des geistigen Wesens überhaupt, darum auch der beste Ausdruck dessen, was die Hochschulen des Geistes sind und erstreben!

Die Erforschung des Geistes in seinem Wesensbegriff mag die besondere Aufgabe der philosophischen und apologetischen Forschung sein: die Erfüllung und Vollbringung des höchsten Ideals menschlicher Geistigkeit ist eine Aufgabe, welche alle Fakultäten, die Universitas des Lehrkörpers wie der Studentenschaft zu gemeinsamer und wetteifernder Anstrengung vereint.

Die Universitäten nehmen ja in einzigartiger Weise die Ehre in Anspruch, hohe Schulen des Geistes, jener wissenschaftlichen und sittlichselbständigen Vollbildung zu sein, welche aus innerer Liebe und nicht bloss aus praktischer Klugheit und Notwendigkeit die wissenschaftliche Beschäftigung mit der Wahrheit als geistigen Lebensinhalt festhält und nach Möglichkeit pflegt. Die Universitäten wollen daher nicht bloss die Gesamtheit alles errungenen Wissens den Wissensbegierigen mitteilen, sondern sie stellen nicht minder durch das Grundgesetz der akademischen Freiheit und Selbständigkeit der studierenden Jugend die hohe Aufgabe, dass sie einmal mit freier Selbstbestimmung die Pflicht des Studiums gewissenhaft erfülle, dass sie aber auch lerne, die Probleme wirklich als solche zu empfinden und zu würdigen, selbst denkend nach Lösungen zu ringen und die gegnerischen Schwierigkeiten nicht bloss kunstgerecht abzuweisen, sondern auch innerlich zu überwinden.

So lange man anderwärts das Ideal der wissenschaftlichen Erkenntnis schon dadurch zu erfüllen vermeint, dass die dargebotene Schulgelehrsamkeit möglichst genau und sorgfältig eingeprägt wird, so lange man als den entscheidenden Massstab der wissenschaftlichen Höhe einer Akademie den Lehrplan und die Stundenzahl anruft, solange man in einem wohlwollenden Lernzwang die beste Bürgschaft für die Erreichung der akademischen Lehrziele findet: solange ist man auch erst auf halbem Wege zum Verständnis der wissenschaftlichen Vollbildung. Die Art, wie man das Wissen sucht und besitzt, wie man seine Überzeugung mit den andern Weltanschauungen ausgleicht und zur Geltung bringt, ist nicht minder wichtig, als der Inhalt des jeweiligen Wissens. Auch hier soll die subjektive Form dem objektiven Inhalt, die persönliche Freiheit dem sachlichen Wert des Wahrheitsbesitzes entsprechen.

Um diesem Ideal der wissenschaftlichen Erkenntnis und geistiger Vollbildung zu entsprechen, nimmt die Universität die Gefahr mit in den Kauf, dass manche durch Missbrauch ihrer akademischen Freiheit ihre beste Zeit vergeuden. Es ist dies ebenso bedauernswert wie die vielfach beklagte Thatsache, dass viele der tüchtigsten Kräfte nach dem Aufhören der wohlwollenden Vormundschaft, welche sie regelmässig und erfolgreich zum akademischen Studium anhielt — sei es an oder ausserhalb der Universitäten — in der Zeit ihrer Mannesreife jede Neigung zu einer geistigen und wissenschaftlichen Ausnützung ihrer oft reichlichen Musestunden verlieren.

Der Hinweis ist nicht überflüssig, dass keine äussere Einrichtung für den wissenschaftlichen Geist und die Empfindung der sittlichen Pflicht geistigen Weiterstrebens als Bürgschaft gelten kann: den Geist vermag keine Formel zu ersetzen, noch zu verbürgen! Auch das sei betont, dass es bei der vergleichenden Beurteilung akademischer Leistungen nicht bloss darauf ankommt, ob die betreffenden Personen von Universitäten oder andern Hochschulen stammen: die Freiheit bringt es mit sich, dass man trotz äusserer Zugehörigkeit den eigentlichen Geist seiner eigenen Anstalt nicht einfach widerstandslos aufnimmt und verkörpert; sie bringt es mit sich, dass man durch spätere oder stärkere Einflüsse zunächst anderer Anstalten, insbesondere aber der bevorzugten Litteratur sich oft in ganz entgegengesetzter Richtung entwickelt, als es dem Geiste der Hochschulbildung entspricht, die man einstens empfing. Der Mensch ist nicht ein mechanisches Erzeugnis der Schule, zu welcher er gehört: seine eigene Geistesart, die mitwirkenden Einflüsse, die benützte Litteratur sind als wesentlich mitbestimmende Ursachen bei vergleichenden Beurteilungen ernstlich in Betracht zu ziehen.

Es ist auch nicht vom Übel, dass die verschiedensten Methoden akademischer Geistesschulung und wissenschaftlicher Vollbildung miteinander um die Palme des Erfolges ringen; nur möge man sich nicht einseitig und ausschliesslich dem scheinbar Sicheren zuwenden, um auf das Höhere wenn auch Schwierigere mehr und mehr zu verzichten.

Jedenfalls können die Universitäten trotz aller möglichen Missbräuche, Gefahren und Schwierigkeiten der akademischen Freiheit im Interesse der höchsten geistigen Vollbildung nicht auf das Streben verzichten, für die Ihrigen eine wahrhaft hohe Schule des Wissens wie des Denkens zu sein, eine hohe Schule der freien Hingebung an Wahrheit, Studium und Wissenschaft, wo eigene Selbstbestimmung und ideales Pflichtbewusstsein jetzt wie später die Arbeit beseelen, wo lebendiges und tiefes Verständnis für die treibenden Fragen wie für die ringenden Gegensätze dem fleissig und gewissenhaft erworbenen Wissen erst den Charakter wahrer geistiger Erkenntnis und sittlichen Wahrheitsdienstes geben!

Möge darum insbesondere Ihnen, meine studierenden Kommilitonen, die hohe Pflicht der akademischen Freiheit stets eindringlich vor dem Bewusstsein stehen, eben durch Ihre Freiheit aus der Fülle dessen, was Ihnen die Universitas litterarum für Wissens- und Charakterbildung bietet, das Ideal des jugendlichen Geistes, des wissenschaftlichen Geistes, des sittlich-religiösen Geistes frei herauszuarbeiten!

Das walte Gott!

Chronik.

Dem Brauche zufolge obliegt es mir nun, auch der wichtigsten Ereignisse an unserer Universität seit Beginn des Jahres 1896 zu gedenken. Ich beginne mit den Veränderungen im Lehrkörper.

Die theologische Fakultät und mit ihr auch die Gesamtuniversität erlitt gleich bei Beginn des Jahres 1896 einen höchst schmerzlichen Verlust durch das am 1. Januar erfolgte Ableben des ordentlichen Professors der neutestamentlichen Exegese, des hochwürdigen geistlichen Rates Dr. Josef Grimm. Am 23. Januar 1827 als jüngster Sohn einer schlichten Bürgersfamilie geboren, besuchte er nach vollendeten Gymnasialstudien die Universität München, und trat dort in das Georgianum ein. Er erwählte die Exegese der hl. Schrift als besonderes Studienfeld. 1847 errang er seinen ersten Erfolg durch Lösung der Preisaufgabe der philosophischen Fakultät: „Die Charakteristik eines der grössten Geschichtsschreiber des Mittelalters, Otto von Freising." Am 24. Juni 1850 wurde er zum Priester geweiht, 1854 erwarb er sich den theologischen Doktortitel durch eine Schrift: „Die Samariter und ihre Stellung in der Weltgeschichte mit besonderer Rücksicht auf Simon den Magier"; 1856 am 20. Februar wurde er zum Lycealprofessor in Regensburg und vom 1. September 1874 ab zum Professor der neutestamentlichen Exegese an unserer Universität ernannt. Sein gesamtes Wirken, seine lehramtliche wie seine schriftstellerische Thätigkeit, fand allseitige Anerkennung. Das Vertrauen seiner Kollegen berief ihn öfters in den Senat, im Jahre 1888/89 zum Rektorat. Die Gnade seines Königs zeichnete ihn mit dem Ritterkreuze des Verdienstordens vom hl. Michael aus. Als sein Haupt- und Lebenswerk betrachtete er die pragmatische Darstellung des Lebens Jesu. In diesem gross angelegten Werke suchte Grimm den messianischen Lebensplan Jesu festzustellen, von dem aus die bedeutungsvolle Eigentümlichkeit eines jeden Evangeliums und seines messianischen Lebensbildes sich in ungezwungener Weise mit den übrigen Evangelien zu einem wunderbaren Mosaikbilde des Lebens Jesu zusammenschliesst. Leider war es ihm nicht vergönnt, dasselbe ganz zu Ende zu führen.

Im Herzen seiner Schüler und Freunde wird sein Andenken fortleben, auch wenn er nicht durch dieses grossartige Werk sich ein unvergängliches Denkmal errichtet hätte.

Als Nachfolger Grimm's wurde vom 1. April 1896 ab der bisherige Gymnasialprofessor und Religionslehrer am kgl. Gymnasium zu Straubing Priester Dr. Valentin Weber zum ordentlichen Professor der neutestamentlichen Exegese in der theologischen Fakultät ernannt.

In der rechts- und staatswissenschaftlichen Fakultät habilitierte sich als Privatdozent der Sekretär am Kgl. Kreisarchiv in Würzburg Dr. jur. Herman Knapp aus Nürnberg, während dem bisherigen Privatdozenten Dr. Josef Heimberger die erbetene Enthebung von der Funktion bewilligt wurde, da er einen Ruf an die Universität Strassburg als ausserordentlicher Professor für Strafrecht, Strafprozess- und Civilprozessordnung erhalten und angenommen hatte.

In der medizinischen Fakultät wurde der ordentliche Professor der pathologischen Anatomie, allgemeinen Pathologie und Geschichte der Medizin Kgl. Hofrat Dr. Georg Eduard Ritter von Rindfleisch von der Verpflichtung zur Vertretung der Geschichte der Medizin entbunden, der bisherige Honorarprofessor Dr. Friedrich Helfreich zum ausserordentlichen Professor ernannt, und demselben Geschichte der Medizin, medizinische Geographie und medizinische Statistik als Lehraufgabe übertragen; der ausserordentliche Professor für gerichtliche Medizin Dr. Wilhelm Reubold wurde seinem Ansuchen entsprechend wegen zurückgelegtem 70. Lebensjahre unter wohlgefälliger Anerkennung seiner langjährigen erspriesslichen Dienstleistung in den bleibenden Ruhestand versetzt; der Privatdozent Kgl. Stabsarzt Dr. Ludwig Heim zum ausserordentlichen Professor für Bakteriologie in der medizinischen Fakultät der Universität Erlangen ernannt und dem bisherigen Privatdozenten Dr. Albert Hoffa Titel und Rang eines ausserordentlichen Professors verliehen.

Habilitiert als Privatdozenten haben sich in der medizinischen Fakultät Dr. Johannes Sobotta aus Berlin, Prosektor am Institut für vergleichende Anatomie, Histologie und Embryologie, Dr. Johannes Müller aus Bremen, I. Universitätsassistent der medizinischen Klinik und Dr. Max Borst aus Würzburg, I. Assistent am pathologischen Institut unserer Universität. — Dem Privatdozenten Dr. Paul Reichel, der die Stelle eines Vertrauensarztes der Alters- und Invaliditätsversicherungsanstalt der Provinz Schlesien angenommen hatte, wurde auf Ansuchen die Enthebung von der Funktion bewilligt.

In der philosophischen Fakultät wurde der ordentliche Professor Dr. Fridolin Ritter von Sandberger von der Verpflichtung zur Abhaltung von Vorlesungen, sowie von der Direktion des mineralogisch-geologischen Instituts enthoben und ihm bei diesem Anlasse in Anerkennung seiner ausgezeichneten Leistungen im akademischen

Lehramte und auf dem Gebiete der Wissenschaft der Titel eines Königlichen Geheimen Rates verliehen.

Mit Allerhöchstem Dekret vom 25. März c. wurde vom 1. August 1897 an der Professor der Mineralogie an der Chemieschule in Mülhausen im Elsass Dr. Jakob Beckenkamp zum ordentlichen Professor der Mineralogie und Krystallographie ernannt und demselben bis auf Weiteres auch die Geologie als Lehraufgabe übertragen. — Als Privatdozent habilitierte sich Dr. Karl Marbe aus Freiburg; der Privatdozent Dr. Alfred Schmid wurde auf Ansuchen seiner Funktion enthoben, um eine ihm an der Kgl. Nationalgallerie zu Berlin angebotene Stelle zu übernehmen.

Auszeichnungen

wurden einer Reihe von Universitätsangehörigen verliehen.

Mit Recht wohl gedenke ich hier in erster Linie des Seniors unseres Lehrkörpers, des ordentlichen Professors Geheimrates Dr. Albert von Kölliker; durch Allerhöchste Kabinetsordre vom 20. Januar 1896 ernannte ihn Se. Majestät der König von Preussen zum stimmfähigen Ritter des Ordens pour le mérite, und Se. Königliche Hoheit Prinz Luitpold, des Königreichs Bayern Verweser, verlieh ihm mittelst Allerhöchsten Handschreibens vom 11. März 1897 das Prädikat Excellenz.

Weitere Auszeichnungen wurden verliehen: anlässlich des Neujahrsfestes 1896 das Ritterkreuz des Verdienstordens der bayerischen Krone dem ordentlichen Professor Dr. Friedrich Prym und der Kgl. Verdienstorden vom heiligen Michael IV. Klasse dem ordentlichen Professor Dr. Franz Adam Göpfert; anlässlich der Einweihung des neuen Universitätsgebäudes: dem ordentlichen Professor und Rektor des Studienjahres 1895/96 Dr. Wilhelm Olivier Ritter von Leube der Verdienstorden vom hl. Michael II. Klasse; dem ordentlichen Professor und derzeitigen Direktor des Verwaltungsausschusses Dr. Hugo von Burckhard das Ritterkreuz des Verdienstordens der bayerischen Krone, dem ordentlichen Professor und Rektor des Studienjahres 1896/97 Dr. Herman Schell der Verdienstorden vom hl. Michael IV. Klasse; dem ordentlichen Professor Dr. Adolf Fick und Dr. Georg Friedrich Unger der Titel eines Königlichen Geheimen Rates; dem Universitäts-Bauinspektor Rudolf Ritter von Horstig d'Aubigny die Ludwigsmedaille, Abteilung für Wissenschaft und Kunst; anlässlich des Neujahrsfestes 1897: das Ritterkreuz des Verdienstordens der bayerischen Krone dem ordentlichen Professor Dr. Anton von Scholz; der Titel eines Königlichen wirklichen Rates dem Universitäts-Hauptkassier und Rentamtmann Luitpold Sauter.

Weiter wurden eine Reihe von Ehrungen und Auszeichnungen zu Teil dem ordentlichen Professor Dr. Wilhelm Konrad Röntgen aus Anlass seiner epochemachenden Entdeckung über die von ihm benannten X-Strahlen. Anlässlich eines Vortrages, welchen er am Sonntag, den 12. Februar 1896 im Kgl. Schlosse zu Berlin über seine Entdeckung gehalten hat, verlieh ihm Se. Majestät der deutsche Kaiser und König von Preussen den Königlichen Preussischen Kronenorden II. Klasse; er wurde ferner mit dem Ritterkreuz des Verdienstordens der bayerischen Krone ausgezeichnet und ihm von Sr. Majestät dem Könige von Italien das Kommandeurkreuz des Ordens der italienischen Krone verliehen; er wurde zum Ehrendoktor der medizinischen Fakultät unserer Universität und seitens seiner Vaterstadt Lennep zum Ehrenbürger ernannt. Weiter wurde er Ehrenmitglied des physikalischen Vereins zu Frankfurt a. M., der Society of natural Science of Chester, der naturforschenden Gesellschaft zu Freiburg i. B., der société imperiale de médicine de Constantinople, der Gesellschaft Chemie Studierender des eidgenössischen Polytechnikums, korrespondierendes Mitglied der physik.-mediz. Societät zu Erlangen, der Academie of natural sciences of Philadelphia, der société des sciences naturelles et mathématiques de Cherbourg, der Academia dei Gerofili zu Florenz, Inhaber der Rumford-Medaille, der Mattencci-Medaille und des halben Baumgartner'schen Preises.

Frequenz und Promotionen.

Die Gesamtsumme der Studierenden betrug im Winter-Semester 1895/96 1514, im Sommer-Semester 1896 1482 und im Winter-Semester 1896/97 1549; zur Zeit sind 1447 Studierende immatrikuliert.

In der theologischen Fakultät fanden im Studienjahr 1895/96 6, in der rechts- und staatswissenschaftlichen 5, in der medizinischen 204, in der philosophischen 22, insgesamt 237 Promotionen statt.

Was nun die

Neubauten

unserer Universität anlangt, so wurde das neue Chemie-Gebäude am Pleicherring mit Anfang des Sommersemesters 1896 in Benutzung genommen und fand am Sonntag, den 10. Mai 1896 Vormittags im Hörsaale desselben zur Feier der Eröffnung ein Festakt statt, bestehend in feierlicher Übergabe des Instituts durch den Direktor des k. Univ.-Verw.-Ausschusses an den Institutsvorstand und in einer Ansprache des letzteren. Die Anteilnahme an dieser Feier, sowie an der hierauf folgenden Besichtigung des Instituts war eine sehr zahlreiche und dürfen wir mit Recht behaupten, dass das neue chemische Institut sich den schönsten, grössten und am zweckmässigsten eingerichteten Bauten dieser Art würdig zur Seite stellt.

Auch das neue Universitätsgebäude bis zum Beginn des Wintersemesters 1896/97 fertig zu stellen, ist dem Zusammenwirken aller Beteiligten gelungen.

Die Festfeier am 28. Oktober, in der unsere Universität die alte Heimstätte verliess, sammelte eine grosse Zahl ihrer einstmaligen Angehörigen, gefeierte Namen und Grössen im Kreis der Alma Julia und stellte eine ruhmvolle Vergangenheit in das Licht der festlichen Gegenwart. Der stolze Neubau, in den unsere Universität ihren Einzug feierte, vergegenwärtigte hingegen dem schaffensfrohen, vorwärtsstrebenden Geiste ihrer Glieder die grossen und wachsenden Aufgaben, welche die Universität in der Zukunft zu erfüllen hat, und an deren Erfüllung unser Lehrkörper mit Zuversicht und Ausdauer, mit Begeisterung für Wahrheit und Vaterland herantritt.

Als ständiges Denkmal der bedeutungsvollen und grossartigen Feier wurde vom Rektor im Namen und Auftrag des akademischen Senates eine Festschrift hergestellt, welche in Wort und Bild den Bau wie dessen Besitzergreifung schildert.

Der derzeitige Rektor hatte die hohe Ehre, Seiner Königlichen Hoheit, dem Prinzregenten Luitpold von Bayern diese Festschrift am Sonntag, den 4. April persönlich zu überreichen.

Nochmals sei bei diesem festlichen Anlass dankbar der wohlwollenden und weisen Fürsorge gedacht, mit welcher die kgl. Staatsregierung wie der bayerische Landtag die Mittel zu diesem Neubau bewilligt haben.

In Würdigung der herrlichen Festräume, welche die Universität in ihrem Neubau gewonnen hat, wurde seitens des akademischen Senates am 30. November 1896 der Beschluss gefasst und vom kgl. Staatsministerium unterm 19. Dezember genehmigt, dass die jährliche Stiftungsfeier nicht mehr am 2. Januar, also mitten in den Weihnachtsferien, sondern am 11. Mai gehalten werde. Es ist dies der Tag, an dem die Stiftung des Fürstbischofs Julius im Jahre 1575 von Kaiser Maximilian II. die Privilegien und Rechte einer Universität erhielt. Durch diese Verlegung ist infolge der allgemeineren Beteiligung und der grösseren Feierlichkeit dem erlauchten Stifter ein der Bedeutung seiner Universitätsgründung entsprechenderes Erinnerungsfest gesichert. Der Glanz der heutigen Festversammlung ist die beste Bestätigung, wie berechtigt die getroffene Massregel war.

Mit Freuden erinnere ich an die lebhafte Anteilnahme, welche Se. Kgl. Hoheit der Prinzregent dem Fortgange und der Vollendung des Baues widmete. Der hohe Herr unterzog den Neubau gelegentlich seiner Anwesenheit bei den Herbstmanövern 1896 einer Besichtigung, wobei er sich äusserst befriedigt über dessen äussere und innere Gestaltung aussprach.

Durch die Fertigstellung des neuen Universitätsgebäudes war es möglich, die bisher im alten Gebäude zu Lehr- und Verwaltungszwecken benützten Räume teils dem kunstgeschichtlichen Museum (v. Wagner-Stiftung), teils der Universitätsbibliothek zuzuweisen, und so beiden Instituten die ihnen längst nötige Möglichkeit der Ausdehnung und besseren Entwickelung zu gewähren.

Ich glaube auch noch folgende Ereignisse nicht übergehen zu dürfen: Es war dem akademischen Senate vergönnt, den Professoren und Geheimräten Dr. Fridolin v. Sandberger und Dr. Franz Xaver Wegele anlässlich der 50jährigen Feier des Doktorjubiläums, sowie dem Geheimrat Professor Dr. Unger anlässlich der Feier seines 70. Geburtstages die Glückwünsche darzubringen. Wir rufen den geehrten Jubilaren zu: ad multos annos!

Bei Gelegenheit eines hier abgehaltenen Archäologischen Kurses für Gymnasiallehrer veranstaltete unsere Universitätsbibliothek am 27. Mai 1896 eine Ausstellung von auserlesenen Handschriften und Druckwerken der Bibliothek, und war die Einsichtnahme dieser weniger bekannten Schätze unserer Bibliothek eine sehr lebhafte und das Publikum für die dargebotene Gelegenheit sehr dankbar.

Auch an der Feier der nationalen Festtage hat sich unsere Universität im vollen Bewusstsein ihrer patriotischen Bedeutung und Aufgabe lebhaft beteiligt. Zur 25jährigen Gedenkfeier der Wiedererstehung des deutschen Reiches fand am 18. Januar 1896 unter allgemeiner Teilnahme des Lehrkörpers ein grosser feierlicher Kommers der gesamten Studentenschaft statt; in gleicher Weise wurde am 4. März d. J. zur 100jährigen Gedenkfeier des Geburtstages Kaiser Wilhelm I. unter allgemeiner Teilnahme der höchsten Stellen, hoher Behörden, Gesellschaftskreise u. s. w. ein glänzender Kommers abgehalten, der die gesamte Studentenschaft mit dem Lehrkörper in einmütiger Begeisterung für des deutschen Reiches Macht und Herrlichkeit vereinte. Der derzeitige Rektor hielt dabei die Festrede zu Ehren des Kaisers, in dem der alten Kaiserkrone Ruhm und Kraft wieder aufgelebt ist.

Preisaufgaben.

Von den für das Jahr 1896 gestellten Preisaufgaben hat nur jene der ersten Sektion der philosophischen Fakultät eine Bearbeitung gefunden.

Die Aufgabe lautete:

„Die bisher veröffentlichten Ansichten über die technische Herstellung der griechischen bemalten Vasen sollen an Originalen der Würzburger Sammlung geprüft werden, wobei alle wichtigeren Stilarten zu berücksichtigen sind; womöglich sollen auch im Interesse der archäologischen Kritik die bei den Restaurationen angewendeten Verfahren vergleichsweise in die Untersuchung eingezogen werden."

Die eingereichte mit dem Motto: „Quodquod sub terra est, in apricum proferet actas" wurde von der Fakultät folgendermassen beurteilt:

„Es ist zu loben, dass der Verfasser zahlreiche Einzelbeobachtungen anstellte und den Weg synthetischer Experimente betrat; er hat sich jedoch in der Hauptsache auf die Sammlung des Materials beschränkt und die Verarbeitung desselben kaum in Angriff genommen. Aus diesem Grunde bedauert die Fakultät, der Arbeit den Preis nicht erteilen zu können; sie erkennt ihr aber in Anerkennung des aufgewandten Fleisses und der richtigen Arbeitsmethode eine Belobung zu."

Verfasser ist: stud. phil. Herman Kaul aus Nürnberg.

Für das Jahr 1897/98 werden von den einzelnen Fakultäten folgende Themata aufgestellt:

1. **Von der theologischen Fakultät:**
    „Die Einsetzung des hl. Abendmahles als Beweis für die Gottheit Christi."

2. **Von der rechts- und staatswissenschaftlichen Fakultät:**
    „Bundesfeldherrnamt und Militärhoheit nach deutschem Staatsrecht, geschichtlich und dogmatisch zu erörtern."

3. **Von der medizinischen Fakultät:**
    „Es soll eine übersichtliche Darstellung gegeben werden des jetzigen Standes unserer Kenntnisse von den anatomisch nachgewiesenen Veränderungen einerseits im Grosshirn, andererseits im Rückenmark der an progressiver Paralyse Verstorbenen."

4. **Von der philosophischen Fakultät:**

    a) von der historisch-philosophischen Sektion:

    „Die philosophischen Anschauungen des Gilbertus Porretanus (Gilbert de la Porrée) sollen quellenmässig dargestellt werden — ein Beitrag zur Geschichte der Philosophie im Mittelalter.

    b) von der naturwissenschaftl.-mathematischen Sektion:

    „Auf Grund der neueren Forschungen ist eine vergleichende Darstellung der in den pflanzlichen und tierischen Zellen stattfindenden Vorgänge der Zellteilung zu geben."

Die Frist zur Einreichung der Konkurrenzarbeiten bei den Dekanaten der betreffenden Fakultäten läuft mit dem 20. Februar 1898 ab. Zur Preisbewerbung zugelassen sind nur diejenigen Kandidaten, welche an hiesiger Universität während der Konkurrenzfrist wenigstens in einem Semester immatrikuliert waren.

Kommilitonen! Diese Preisfragen erinnern Sie an die Aufgabe der Universität, die selbständige Inangriffnahme der wissenschaftlichen Fragen als Ziel im Auge zu behalten. Nur durch die volle Meisterschaft des Geistes, nur durch die volle Durchbildung Ihres Charakters zur wahren Selbständigkeit und Freiheit erringen Sie sich die Fähigkeit, einst wirklich die Führer der Nation zu sein!

Dieser herrliche Neubau, in dessen stolzen Hallen heute zum erstenmal die Stiftungsfeier unserer Universität begangen wird, sagt Ihnen mit monumentaler Eindringlichkeit, welch' hohen Wert König und Vaterland auf die richtige Pflege des akademischen Studiums legen, wie Vieles und Grosses König und Vaterland für das Gemeinwohl von den Universitäten erwarten!

In monumentalen Bauten bekundet das Vaterland seine thatkräftige Fürsorge für Universität und Wissenschaft: in freier Pflichterfüllung und durch gewissenhaften Dienst der Wahrheit werde dem Vaterland, wie vom Lehrkörper, so von der Studentenschaft Dank und Liebe gezollt!

Im Hinblick auf das, was das erhabene Königshaus der Wittelsbacher in würdiger Nachfolge des hochsinnigen Stifters für Universität und Wissenschaft gethan, was uns Regierung und Volksvertretung nun wieder durch diesen herrlichen Neubau erwiesen, im Hinblick hierauf sei dem Königshause und Vaterland in festlich begeisterter Dankbarkeit unsere Huldigung dargebracht!

Freunde und Mitkämpfer unserer Universität, Kollegen und Kommilitonen der Alma Julia, vereinigen Sie sich daher mit mir in dem begeisterten Rufe: Dem erhabenen Schutzherrn unserer Universität, Seiner Königlichen Hoheit unserm allerdurchlauchtigsten Herrn, dem Prinzen Luitpold, des Königreichs Bayern Verweser, sowie dem gesamten Königlichen Haus von Bayern — sei Heil, allzeit Heil!